电商直播带货

实战攻略

·图解版·

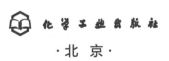

U0319639

王秀萍　编著

化学工业出版社

·北京·

内容简介

《电商直播带货实战攻略（图解版）》一书主要包括四部分内容。

第一部分为直播带货的认知，包括在线直播的行业发展、直播电商的行业概况、直播带货的驱动因素、直播带货的未来趋势4章内容。

第二部分为直播带货的准备，包括直播平台选择、团队组建、直播间的搭建、主播人设策划4章内容。

第三部分为直播带货的营销，包括直播话术设计、直播氛围管理、直播商品介绍、直播活动促销、直播宣传引流、直播用户管理6章内容。

第四部分为直播团队的运营，包括直播选品、商品配置、商品定价、直播脚本设计、粉丝维护、直播复盘、风险防范7章内容。

本书采用图文解读的方式，让读者在轻松阅读中了解电商直播带货的要领并学以致用。本书尽量做到去理论化，注重实操性，以精确、简洁的方式描述重要知识点，满足读者希望快速掌握电商直播带货的需求。

图书在版编目（CIP）数据

电商直播带货实战攻略：图解版/王秀萍编著. —北京：化学
工业出版社，2022.3（2022.11重印）
　ISBN 978-7-122-40541-8

　Ⅰ.①电…　Ⅱ.①王…　Ⅲ.①网络营销　Ⅳ.①F713.365.2

中国版本图书馆CIP数据核字（2022）第000175号

责任编辑：陈　蕾　　　　　　　　　　　　装帧设计：尹琳琳
责任校对：王佳伟

出版发行：化学工业出版社（北京市东城区青年湖南街13号　邮政编码100011）
印　　装：涿州市般润文化传播有限公司
710mm×1000mm　1/16　印张13¾　字数185千字
2022年11月北京第1版第2次印刷

购书咨询：010-64518888
售后服务：010-64518899
网　　址：http://www.cip.com.cn
凡购买本书，如有缺损质量问题，本社销售中心负责调换。

定　　价：68.00元　　　　　　　　　　　　版权所有　违者必究

前　言

　　直播电商作为以直播为渠道来达成营销目的的电商形式，是数字化时代背景下直播与电商双向融合的产物。直播电商的本质仍是电商，但其以直播为手段重构"人、货、场"三要素，与传统电商相比，拥有强互动性、高转化率等优势。通过直播实时互动，商家实现商品到消费者的高效触达，大大缩短了消费者的决策时间，刺激了消费需求的产生。与此同时，直播场景下优惠的商品价格对消费者具备一定吸引力，价格直降、优惠券、抽奖等优惠刺激下，消费者剩余形成。加之"限量""在直播间首发"等商品标签以及主播自身的"种草"能力，消费者剩余心理较易转化为购买行为。可以说，直播电商缩短了"货"的传播路径。主播的赋能和供应链服务商的加入，缩短了从生产制造到消费者的途径，改变了消费者的购物模式。

　　直播带货作为互联网新经济业态，已经成长为我国电子商务市场重要增长点。与此同时，直播电商更高的流量吸引力与流量变现能力也带来一些问题，如虚假宣传、不退不换、假冒伪劣等。这些行为及其背后的诚实信用缺失，成为影响行业健康长远发展的重要因素。

　　目前，直播电商行业入局者呈井喷式增长，而直播带货的边际效益却在逐步递减，在直播电商高度竞争的行业，这种带货主播之间的竞争逐渐白热化，甚至达到两极分化的程度。那么，未来直播电商是否还存在高速增长的红利期呢？阿里研究院的问卷调研显示，有45.2%的品牌商对直播电商发展仍然很有信心，认为它会继续保持高速发展；24.1%的品牌商则认为直播电商会进入平稳发展期。而笔者认为谁能在选品流程、售前及售后服务、消费者权益保护方面率先交出"范本作业"，谁才能占据美誉度的优势，从而在激烈的竞争中获得消费者的信赖，进而得到品牌和平台的支持。

基于此，我们编写了《电商直播带货实战攻略（图解版）》一书，本书主要包括四部分内容。第一部分为直播带货的认知，包括在线直播的行业发展、直播电商的行业概况、直播带货的驱动因素、直播带货的未来趋势4章内容；第二部分为直播带货的准备，包括直播平台选择、团队组建、直播间的搭建、主播人设策划4章内容；第三部分为直播带货的营销，包括直播话术设计、直播氛围管理、直播商品介绍、直播活动促销、直播宣传引流、直播用户管理6章内容；第四部分为直播团队的运营，包括直播选品、商品配置、商品定价、直播脚本设计、粉丝维护、直播复盘、风险防范7章内容。

本书采用图文解读的方式，让读者在轻松阅读中了解电商直播带货的要领并学以致用。本书尽量做到去理论化，注重实操性，以精确、简洁的方式描述重要知识点，满足读者希望快速掌握电商直播带货的需求。

由于笔者水平有限，书中难免出现疏漏之处，敬请读者批评指正。

编著者

目 录

第一部分　直播带货的认知

第二部分　直播带货的准备

第三部分　直播带货的营销

第四部分　直播团队的运营

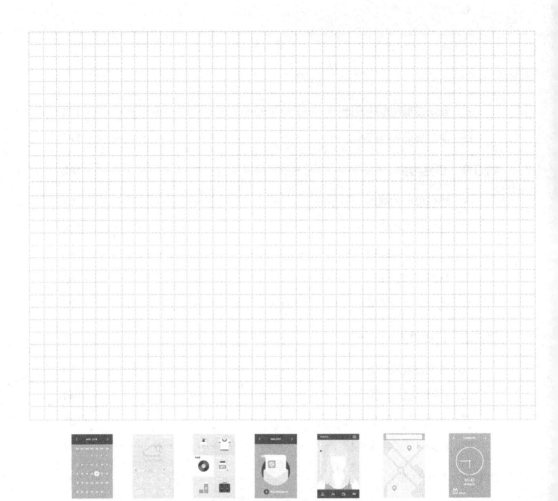

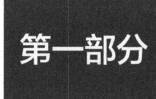

直播带货的认知

第一章
在线直播的行业发展

近年来，教育、医疗、演艺、电竞、电商等领域纷纷加入在线直播的队伍，通过在线直播方式进行宣传和产品销售。如今的在线直播已经逐渐与各领域广泛结合，我国在线直播用户规模逐年增长，2020年已经达到5.87亿人。

一、在线直播行业用户规模

2020年中国在线直播用户规模为5.87亿人，预计未来将保持持续增长态势，到2022年用户规模预计达到6.6亿人。在互联网发展的下半场，随着头部互联网平台的布局与垂直领域应用的发展，直播行业将迎来更加多元化的应用场景，潜在用户规模将有继续扩大的趋势，如图1-1-1所示。

图 1-1-1 2016 ~ 2022 年中国在线直播用户规模及预测

二、在线直播行业的产业链

目前在线直播主体多为普通用户和品牌商家，品牌商家通过MCN整合营销或直播的方式宣传销售产品，通过内容平台引流到电商平台实现用户转化，用户消费后对产品的反馈有助于提升企业与产品的知名度，打造有序的直播产业链闭环，如图1-1-2所示。

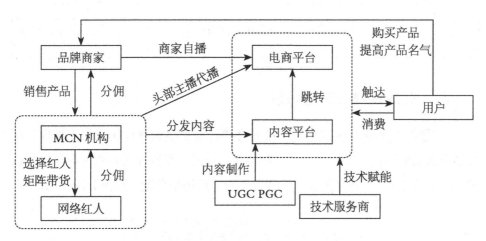

图1-1-2 在线直播行业产业链

MCN机构主要工作是签约和孵化头部主播，然后对其进行内容管理、推广和流量变现，服务的内容类型覆盖文字、图片、视频、直播等领域。艾媒咨询分析师发现，2020年，中国MCN机构的数量已经超过两万家，90%以上的头部红人或与MCN公司签约，或自己成立了MCN。MCN行业的发展使得在线直播行业进一步规模化、规范化，有力推动了在线直播行业朝更高的台阶迈进。

三、在线直播的类型

目前在线直播类型主要分为B端直播与C端直播。B端直播具有商务性，主要应用于培训及大型商务活动，对直播技术与设备的专业性要求更高；C端直播更具休闲娱乐特征，应用场景单一，覆盖行业更加泛娱乐化，如表1-1-1所示。

表 1-1-1　在线直播的类型

	B 端直播	C 端直播
服务对象	企业客户	个人客户
服务目的	营销＋培训＋商务	娱乐＋休闲
主要覆盖行业	教育、电商、医疗、金融等	娱乐、社交、游戏等
应用场景	大型活动、会议、企业培训、私域营销等复杂场景	单一手机视频直播场景
盈利模式	SaaS 软件基础服务费用、直播相关增值费用	广告费用、推广费用、主播收入提成等

四、在线直播的服务场景

"直播"突破单一模式限制，目前直播行业由供给导向转为需求导向，根据细分领域的不同特点优化产品，在游戏、电商、泛娱乐等行业的应用日趋成熟，打开"直播+"新发展模式，实现不同应用场景落地，如图1-1-3所示。

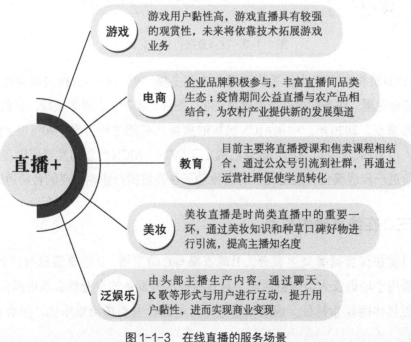

图 1-1-3　在线直播的服务场景

五、在线直播的细分场景

虽然直播已经成为一种常态，但是直播的形式却在不断地变化，变得更加垂直细分。在直播场景中，除了在演播室中进行带货，还延伸出了如仓库直播、产地直播、探店直播、连麦直播等新兴的细分直播形式，以满足不同场景下商家的不同需求。

1.产地直播

近年来，政府大力支持直播经济的发展，于是出现了大量的产地直播，其中农产品的直播最为常见。大多数产地直播主要是为了满足商家产品知名度与销售的需求，更适合货源地的商品。

不少综艺节目中也可以看到很多明星前往少数民族居住区或是贫困山区进行当地土特产的带货直播。

比如，快手直播平台的"西双版纳阿浪"在2021年4月进行了一次榴莲产地直播，卖出了在线3000人销售额51万元的好成绩。

2.仓播

除了产地直播，规模更大的细分直播是仓播。所谓仓播就是在仓库内的直播，主要是通过直播带货，从仓库直发货物来打通供需两端，缩短物流环节，从而降低成本，消费者也可以从中获得更多的优惠以及更便捷的体验。

比如，2020年5月，中通董事长首次在中通云仓现场直播带货，整场直播观看人次达810万，销售总额超1500万元，共产生110多万单包裹，仓内货品当晚就陆续打单出库配送。

3.探店直播

探店直播主要服务于如酒店、医美、旅游这样的本地生活类商家，目的是为商家的线下店铺引流。

比如，2020年6月6日，携程在珠海长隆开启周末探店直播，当天成交总额创纪录达成 3623 万元。

4. 连麦直播

连麦直播，就是在直播过程中，直播者与观众通过麦克风、摄像头等工具沟通交流。不仅可以帮助双方进行更高效地沟通，也可以为更多行业场景带来极大的体验提升。

国内已有一些企业直播平台提供了直播连麦服务，可满足线上教学、内部会议、专家研讨等多种场景需求。直播方可通过师生连麦、研讨会嘉宾连麦、线上培训异地连麦等环节进行交流。但如今连麦直播应用到商业上的场景还较为少见。

相关链接

电商直播的相关术语

一、直播合作模式

1. 坑位费：直播间商品的固定链接费用。目前大多数电商主播都会向商家收取坑位费，但是同个主播的同场直播，商品坑位费也会不一样，坑位费的变量包括商品品类、知名度和直播顺序。

2. 佣金：电商主播按照直播间销量，向商家收取一定比例的销售提成，一般为 20%。

3. 纯佣：商家向电商主播提供产品样品，并且协调好佣金比例（无需其他费用），达人负责视频内容创作及推广。

4. 服务费：商家给 MCN 的服务费用，一般按直播间销售额的比例提成。

5. 定向：定制视频卖货模式，即商家通过星图、达人主页联系等方式，对接垂直领域达人并寄送样品、协商佣金比例等。因为达人要投入人力成本创作＋拍摄＋推广，所以要加收一个"拍摄推广服务费"。

6. 专属利益点：只属于某主播的赠品或者专属产品价格等。

7. 推流：主播将本地视频源和音频源传输到服务器的过程。

8. 助播：直播间内配合主播直播的助理，负责评论区互动、与产品商家沟通等工作。

9. 控评：又名"空瓶"，指控制直播间评论区风格。一般主播会提前设置，屏蔽一些负面关键词，引导直播间的良性互动氛围。

10. 带节奏：类似于控评，助播会在直播间评论区引导内容走向，起到带头作用，并引导其他用户购买产品。

二、直播间数据

1. GMV：（Gross Merchandise Volume）指交易总额。

2. 客单价：平均每个顾客购买商品的金额。计算方法：客单价＝GMV/直播间有消费的顾客总数。

3. ROI：（Return on Investment）指投资回报率。直播间 ROI 的计算方法是：ROI＝销售额/坑位费；比如：坑位费2万元，ROI 保1：2，也就是说产品销售额保4万元。

4. 渗透率：有的商家会比较在乎直播间渗透率。计算方法是：直播渗透率＝直播产出的销售额/当天总销售额。

5. 在线人数：同一时间点，观看直播间的用户人数。

6. DAU：日活跃用户量。

7. MAU：月活跃用户量。

8. 直播 PV：直播间访问次数。

9. 直播 UV：直播间访问人数。

10. 直播间人均在线时长：用户在直播间平均停留的时长。

11. TP：页面停留时间。

12. 刷单：又名"补单"，指通过人工或软件下单，拉升转化率，提高直播间销量。

三、直播产品

1. 引流款：又名"秒杀福利"，是为了给店铺和店铺商品带来流量的产品。

2. 利润款：用于盈利的产品，但这类产品也要预留折扣空间，这是方便在大促时顺应平台推出的打折活动，折扣一般预留 5% ～ 20%。

3. 标品：具有统一市场标准的产品，这类产品在市场上往往具有明确的统一规格、型号或者产品款式，如手机、电脑、家电等都属于标品。

4. 非标品：没有明确规格和型号的产品，比如淘宝上的地方特产、服装等。

5. 白牌：品牌的相对概念，指一些小厂商生产的、没有牌子的产品。

6. C2M：用户直连制造（Customer-to-Manufacturer），指根据销售端的用户反馈，反向指导产品生产。

7. SKU：库存量单位（Stock Keeping Unit），指一款商品进出计量的基本单元，以件、盒、托盘等为单位。例如：iPhone XR 就是一个 SKU，路虎车也是一个 SKU，这些与商家无关，与颜色、款式、套餐也无关。

8. SPU：标准产品单位（Standard Product Unit），是商品信息聚合的最小单位，是一组可复用、易检索的标准化信息的集合，该集合描述了一个产品的特性。例如一件衣服，有红色、白色、蓝色，则 SPU 编码也不相同，如果编码相同会导致商品出库时出现混淆、发错货。

9. DSR 动态评分：淘宝天猫的店铺评分，如果 3 项都是绿色，或者有一项低于 4.7 分，那么产品将无法在抖音商品橱窗上架。

10. 品牌专场：主播和品牌合作直播带货专场，即这场直播只卖该品牌产品。

11. 混场直播：主播在单场直播里，带多个品牌的产品。

四、直播形式

1. 产业带直播：通过借助线上直播销售渠道，帮助商户拓展销售渠道，同时缓解地方产能过剩等问题，带动当地经济发展，是地方政府推动企业数字化转型的重要途径。

2. 档口走播：主播在整个市场游走，去到哪一家档口就在档口播一会儿，然后再到下一个档口，简单来说就是带粉丝逛市场。

3. 店铺自播：商家店铺发起的电商直播，是店铺自运营的抓手。

4. 公域直播：主播依托于第三方平台、基于公域流量的直播，如淘宝直播、短视频平台直播等。

5. 私域直播：基于私域流量的直播，如小程序直播、腾讯直播等。

五、平台相关

1. 二类电商：指在今日头条、广点通、智汇推等移动广告平台上，依托优质广告流量做单品销售的商家，交易形式以包邮和货到付款为主。

2. DOU+：抖音推出的帮助主播将内容推荐给更多兴趣用户的内容加热工具。

3. DOU+直播上热门：DOU+服务中的一种，抖音为主播提供的直播间加热工具。主播在直播前和直播中均可购买使用，可提升直播在推荐页的曝光率，吸引更多观众进入直播间。

4. 抖音小店：抖音为抖音达人提供的电商变现工具，帮助其拓宽内容变现渠道，类似淘宝店铺的性质。店铺开通后，可以在头条系的其他应用（如今日头条、抖音、火山）中统一展示店铺。粉丝可以分别在这些平台进行购物，完成一个闭环。

5. 商品橱窗：即抖音的商品分享功能，开通后可在橱窗放置商品出售，粉丝下单后能够赚取佣金。

6. 音浪：抖音的虚拟货币，用于粉丝打赏给主播。

7. 巨量鲁班：官方推出的，通过头条系资源位投放广告，来吸引目标用户购买，与买家直接交易的电子商务模式。

8. 星图：品牌主、MCN公司和明星/达人进行内容交易的服务平台。商家可以根据需求，选择契合的、已入驻抖音的明星或达人合作直播带货。

9. 浮现权：主播需要满足一定条件，才能在"手机淘宝—淘宝直播"频道展示。

10. 挂榜电商：商家通过刷礼物，进入主播指定的排名内（比如前三），主播就会与其PK连麦卖货。挂榜电商是快手发源的直播带货玩法，目前抖音也有类似玩法。

11. 保证金：快手开通快手小店或者其他商品渠道都需要商家缴纳保证金。此外，挂榜电商和主播合作时，也会有部分主播要求缴纳保证金。

12. 快币：快手的虚拟货币，用于粉丝打赏给主播。

13. 小黄车：即抖音和快手的购物功能，主播在直播间添加售卖商品后，直播间用户会看到"小黄车"，点击可查看并购买商品。

14. 快接单：快手官方推出的客户推广需求和达人变现诉求撮合平台。客户根据推广需求选择达人，发布直播推广订单。达人接单后，通过直播形式，帮助客户实现电商下单或品牌营销等目的。

第二章
直播电商的行业概况

　　随着中国互联网经济技术的快速发展，人们对日常文娱的需求也越发明显。中国直播行业迅速遍布在大众视野当中，同时庞大的在线直播用户体量也成了中国直播电商行业流量变现、快速发展的基石。

一、直播电商的发展历程

　　中国直播电商的发展并非一蹴而就，主要分为快速成长期、商业变现期和商业爆发期三个阶段。

1. 快速成长期

　　2015～2017年为直播电商的快速成长期。在这个阶段，中国高性能手机硬件和网络的普及度迅速增加。在智能终端和网络普及的背景下，4G商业化进程得以实现。许多依靠网络的工具型产品呈行业爆发或增长，资本纷纷抢占赛道，形成内容产业百家齐放的局面。在发展初期，内容主题以娱乐为主，刺激购买成为主要消费特征。监管不严、行业规范尚不成熟导致的违规违法现象普遍存在。

　　此阶段的行业现状如图1-2-1所示。

2. 商业变现期

　　经过快速成长期的野蛮生长后，2017年以后为直播电商的商业变现期。在这个阶段，行业行政监管趋严。在行政管制高压下，跟随热点涌入和不合规的企业相继倒闭，资本进入的脚步放缓，企业融资遭遇困境。直播平台开始谋求

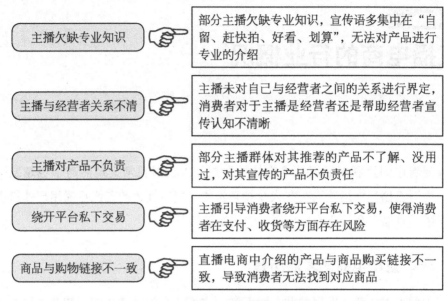

图 1-2-1　快速成长期的行业现状

商业变现，礼物打赏和广告是这一阶段的主要变现模式。但随着竞争加剧和内容同质化，流量成本上升，有的直播平台开始探索直播电商模式，直播成为新的营销工具。特别是爆款产品、爆款主播的辉煌成绩，令移动社交、短视频、电商等行业头部企业纷纷布局直播电商行业，从而导致行业竞争加剧。

此阶段的销售规模如图 1-2-2 所示。

2019 年行业规模　　　　　　　2020 年行业规模
4338 亿元　　　　　　　　**9610 亿元**

图 1-2-2　商业变现期的行业现状

3. 商业爆发期

2020 年至今，直播普及率进一步提高。直播模式被应用在直播电商、在线教育、在线办公、在线娱乐、在线医疗、在线电竞等垂直产业，效果也逐步被验证。在用户和商户双方对直播模式接受度提高的背景下，特别是疫情期间，兼具娱乐和社交特点的直播电商深受处于社交隔离的人们的欢迎，直播电商行业近万亿市场被激活。但是在经历了快速成长之后，直播电商行业的流量造假、带货质量问题等行业乱象也开始暴露，这令行业发展进入了新一轮的洗牌变革期。

此阶段的行业现状如图1-2-3所示。

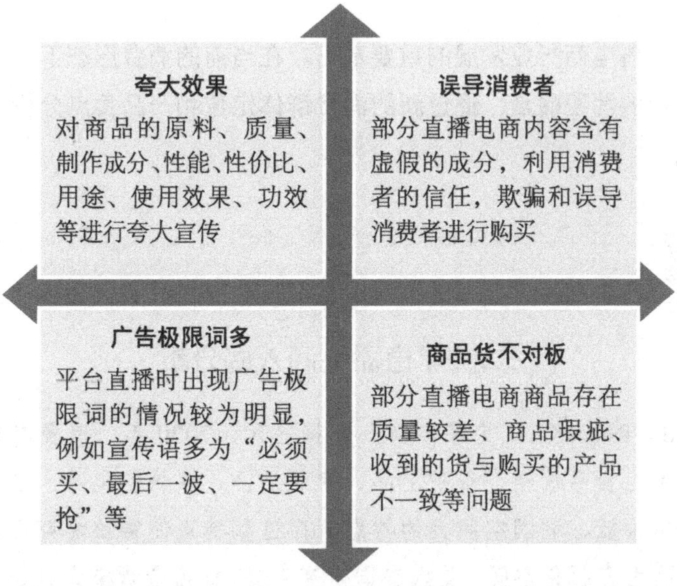

夸大效果
对商品的原料、质量、制作成分、性能、性价比、用途、使用效果、功效等进行夸大宣传

误导消费者
部分直播电商内容含有虚假的成分，利用消费者的信任，欺骗和误导消费者进行购买

广告极限词多
平台直播时出现广告极限词的情况较为明显，例如宣传语多为"必须买、最后一波、一定要抢"等

商品货不对板
部分直播电商商品存在质量较差、商品瑕疵、收到的货与购买的产品不一致等问题

图1-2-3 商业爆发期的行业现状

二、直播电商的用户规模

截至2021年6月，我国电商直播用户规模为3.84亿，同比增长7524万，占网民整体的38.0%。而在2019年兴起并实现快速发展的电商直播用户规模为2.65亿人，占直播用户规模的47.32%，占网民整体的29.31%，可见电商直播用户的增长空间仍比较大，如图1-2-4所示。

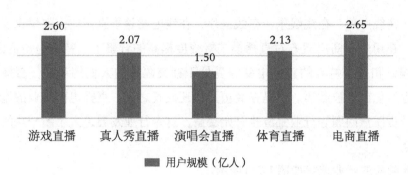

图 1-2-4　2020 年中国电商直播用户规模

用户是直播电商行业发展的重要基石。在当前的消费形态下，直播电商迎合了当前用户的消费痛点，通过新的消费群体定位和产品卖点分析，开启了新的消费模式。

相关链接

2020年直播电商入局分析

iiMedia Research（艾媒咨询）数据显示，2020 年，消费者直播购物的偏好品类为食品饮料、洗护用品、家居用品、服饰箱包等，都具有高频消费、客单价低、利润空间大的特点，而这些特点使得该类商品在直播时具有较大的内容解释空间。艾媒咨询研究发现，直播带货模式兴起后，食品、美妆、服装等快消品和日用品成为最早一批进入直播电商的行业。

2020 年以来，明星、主持人等不断加入直播电商，令直播电商走向正规军模式，吸引着线下行业渠道和传统行业入局。不仅家电、乐器、运动户外、家装主材等商家已经把直播作为重要运营工具，珠宝、汽车、房产、旅游、保险等大宗消费品和虚拟产品也开始试水直播业务。

三、直播电商的产业链

直播电商产业链由供应端、平台端和消费者构成。上游供应端主要包括商品供应方（厂商、品牌商、经销商、原产地等）；中游主要包括直播服务商、渠道平台（电商平台、内容平台、社交平台等）以及主播（网络达人、明星艺人、企业家、其他主播）；下游需求端主要为消费者。

品牌方/厂商对接电商平台提供货源；对接MCN机构或主播，确定直播内容方案，引入直播平台进行内容输出；最终引导消费者在电商平台实现变现转化。电商平台、直播平台、MCN/直播为主要受益者，其收益一般来自按成交额收取的一定比例的佣金，如图1-2-5所示。

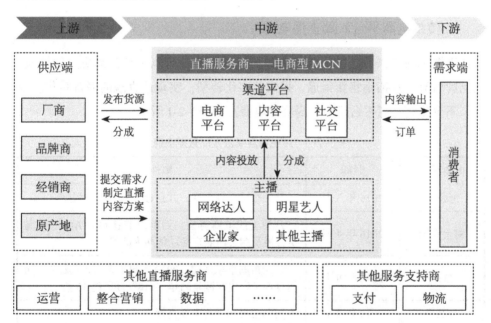

图1-2-5　直播电商行业产业链

在上游领域，供应端主要有服装、美妆、食品、珠宝、箱包等各种产品的供应商、经销商等。

在中游领域，直播服务商主要有谦寻、美ONE、宸帆等；电商平台主要包括京东、淘宝、拼多多、小红书、蘑菇街、唯品会、苏宁易购等；内容平台包括抖音、快手、哔哩哔哩、虎牙等；社交平台主要包括微博、微信、QQ等。

在下游需求市场，年轻女性成为我国直播电商产品消费的主力军。此外，支付宝、微信支付、顺丰物流等其他服务支持商也参与到直播电商的行业。

四、直播电商的平台发展

直播电商模式在产品呈现形式、时间成本、社交属性、购物体验和售卖逻辑等多个维度都具有显著的优势，目前主流电商平台几乎都已经入局直播赛道。同时，社交平台如抖音、快手、微信也在加大马力，直播电商已成为电商和视频行业新的赛道。

1. 传统电商平台入局直播电商

直播电商的兴起，能为传统电商更好地赋能，可以带动商品更大的销量，为品牌引流，开拓销售新渠道，探索数字化转型，实现最直观的消费转化。因此，不少传统电商平台纷纷入局直播电商，如表1-2-1所示。

表1-2-1　传统电商平台入局直播电商

电商平台	时间	事件
蘑菇街	2016年3月	开始布局电商直播，并自建电商直播小程序
淘宝天猫	2016年4月	开始上线电商直播，目前已兼备自有APP——淘宝直播及淘宝内嵌直播功能两大战线
京东	2016年9月	开始布局京东直播，2019年重点发力，"双11"期间日均带货成交额是同年"618"期间的15倍
唯品会	2019年3月	与陌陌合作进行电商直播
网易考拉	2019年8月	上线直播模式
苏宁易购	2019年8月	与快手合作，在APP内上线直播窗口
拼多多	2019年11月	进行第一次直播试播
小红书	2019年11月	正式宣布入局电商直播，推出互动直播平台

2.直播电商的平台结构

早在2016年，淘宝、蘑菇街等电商平台率先入局直播＋电商领域。随后在电商＋直播的红利之下，直播平台也开始加入直播电商战局。

2018年，抖音、快手先后通过自建平台和接入电商平台的方式试水电商领域。同年8月，虎牙直播、斗鱼直播和花椒直播开始牵手网易考拉海购，探索直播＋电商的新领域。

此外，还有一类新兴的直播电商平台，从成立之初就希望能够在直播电商领域发展，主要通过吸引新人主播、头部主播等获得流量和广告费用，但目前这类平台的影响力无法与头部直播带货平台匹敌。

具体的直播电商平台分类如图1-2-6所示。

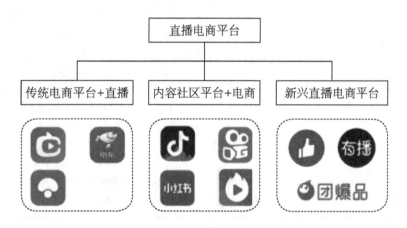

图1-2-6　直播电商平台分类

3.直播电商平台的特点

在众多直播电商平台中，淘宝直播发展最快，快手和抖音紧跟其后。在"猫快抖"的示范作用下，其他平台也开始布局或者将战略重心转移到直播电商。2019年，电商、内容平台发生内部竞争，但由于内容平台流量不足以对电商平台形成威胁，自建电商资产重，货币效率化不及广告，内容平台是否入局具有不确定性，因此双方开始以合作为主，由内容平台对电商提供站外流量分成。2020年，淘宝与"快抖"由合作走向竞争，淘宝为了避免过度依赖外部流量、用户形成短视频购物习惯而分流GMV（销售额），开始加快内容上的布局；抖音与快手为追求更高的货币化率，避免过度依赖淘宝，也开始加速自建同时寻求淘外供应链合作以保证流量数据始终在平台留存。

虽然直播电商平台众多，但是由于平台自身的属性差异，各平台在发展直播电商过程中也呈现出不同的特点，具体如表1-2-2所示。

表1-2-2　直播电商平台的特点

序号	特点	具体说明
1	电商平台布局直播，自带电商基因	像淘宝直播这类直播电商平台，是在电商的基础上布局直播带货模式的，平台交易色彩较重，用户购物的目的十分明确，因而直播购物转化高。此外，电商基因使得平台品类丰富，供应链稳定，可以"一站式"满足用户多元化的需求，提高用户直播购物的体验及黏性
2	内容平台发展直播电商，内容属性是根本	内容平台布局直播电商，平台流量分发效率与内容并重。部分内容平台为了开发长尾效应的商业潜力，偏重内容多元化，如快手；而有的内容平台重效率，有利于打造"爆款"产品，如抖音。内容平台品牌入驻度较低，因为平台用户在做出购买决策时更关注产品深度内涵和性价比，对品牌的重视度在下降
3	新兴直播电商平台内容生态较为开放，但流量建设较难	在电商平台、内容平台成功入局的示范作用影响下，不少其他平台也开始跨界入局，成为行业新亮点。艾媒咨询分析师认为，"直播+"的内容边界不断扩大、泛化，传统行业和新兴行业都能找到合适的方式入局。而平台作为行业入局的技术中介，更应该积极探索、努力寻求平台与技术的融合点，同时拓展在线直播的细分领域，满足用户的多元化需求，带动商业模式继续创新。未来，在线直播的商业价值将得到进一步开发

相关链接

2020年直播行业热点事件

2020年2月，淘宝直播开放商家及个人主播的入驻权限，并且发布《淘宝主播入驻简化及激励公告》，通过官方流量奖励吸引主播。

2020年2月，微信官方宣布小程序直播能力启动公测；7月，微信小程序开店上线。

百度正在打造百度直播，并且公开招募主播和筹备商品。同时，百度推出电商解决方案平台"开店牛"，对品牌电商、二类电商和内容电商提供建店、交易、结算、订单等服务。

外卖平台美团也低调加入直播赛道。美团直播目前分为旅行直播和袋鼠直播，旅行直播针对的是美食与旅游，而袋鼠直播针对的是美团大学的讲师授课。

2020年3月，拼多多正式向直播机构开放入驻申请，成功入驻多多直播的MCN机构可邀请拼多多主播签约，只需要在协议中明确推广分佣结算方式即可。

五、MCN机构

1. 什么是MCN机构

MCN（Muti-Channel Network，多频道网络）的前身可以追溯到UGC、PGC和OGC时代，即用户原创内容、专业生产内容和职业生产内容。UGC是用户展示自己的原创内容，例如原创微博、知乎问答等；PGC是有一定专业能力者生产的内容，例如干活经验分享或者测评等；而OGC是为职业工作者制作的内容，常见的有新闻网站、新闻客户端等。三者之间可以是相互独立的个体，又可以集二者为一体，例如运营中的公众号，我们既可以称之为原创内容又可以称之为是专业的生产内容。

说白了，MCN就像是一个中介公司，上游对接优质内容，下游寻找推广平台变现。国外早期的MCN以经纪模式为主，帮助视频红人变现。而国内的MCN模式不同，机构只需要和内容生产者对接，由内容生产者专心做内容，MCN机构帮其包装、营销、推广和变现，具体如图1-2-7所示。

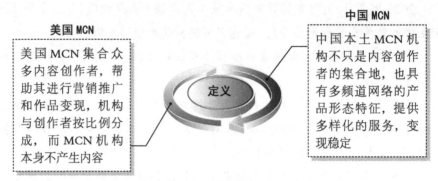

美国 MCN

美国MCN集合众多内容创作者，帮助其进行营销推广和作品变现，机构与创作者按比例分成，而 MCN 机构本身不产生内容

定义

中国 MCN

中国本土 MCN 机构不只是内容创作者的集合地，也具有多频道网络的产品形态特征，提供多样化的服务，变现稳定

图 1-2-7　MCN 机构定义

2.MCN 机构的发展

作为直播电商的新兴链路，在资本的推动下，中国MCN机构的数量在2015 ～ 2020年间从百余家扩展至万余家，具体如图1-2-8所示。艾媒咨询分析师认为，当前直播电商正处于发展阶段，相应的MCN机构数量也在急剧增长，行业总体前景较好，但已成为红海行业。

图 1-2-8　2015 ～ 2020 年中国 MCN 机构数量

2020年，中国MCN机构的数量已经超过两万家，90%以上的头部红人或与MCN公司签约，或自己成立了MCN。MCN行业的发展使得在线直播行业进一步规模化、规范化，有力推动了在线直播行业朝更高的台阶迈进。

3.MCN机构服务类型

MCN机构的服务类型包括内容生产、红人孵化、主播孵化、经纪管理、电商直播、短视频账号代运营、运营管理、营销服务等，通过多样的服务拓宽业务范围并实现商业变现，如表1-2-3所示。

表1-2-3 MCN机构服务类型

序号	服务类型	具体说明
1	内容生产	平台为创作者提供资源，并保证创新性、热门内容的持续输出
2	红人孵化	培养、包装不同领域网络达人，孵化新文娱KOL，包括美食、美妆、美发红人
3	主播孵化	多渠道开发，站外导流，寻找、培养流量多、带货强的主播
4	经纪管理	管理旗下网络达人、新文娱KOL等红人，对接资源，挖掘商业价值
5	电商直播	通过网络达人、主播在电商平台、社交平台进行直播
6	短视频账号代运营	管理粉丝、热门新闻，挖掘粉丝需求，进行短视频创作与发布等
7	运营管理	通过筛选、定位、养成、流量放大等管理机构红人
8	营销服务	通过新媒体投放、品牌宣传、整合资源等进行营销服务

4.MCN机构类型及盈利模式

激烈的竞争推动着MCN朝多元化发展，目前已经包括泛内容型、电商型、营销型、知识型等多种方向。为了在激烈的竞争中保持优势，MCN机构不断向更为专业化和精细化的方向发展，不仅形成了内容生产、电商带货两大核心业态，还通过既有的资源拓展其他业态模式，以更好地变现，如图1-2-9所示。

图 1-2-9　MCN 机构业态分类

　　2019 年，中国 MCN 机构主要的商业变现形式是广告营销和电商变现。其中，广告营销占比 98.90%，相对于 2018 年同比增长了 18.3 个百分点；电商变现占比 96.60%，同比增长 48.2 个百分点，与广告变现的差距不断缩小。MCN 机构的商业价值分割了品牌商的广告宣传投放资金，2020 年疫情助推的直播电商变现潜力更加巨大，已成为 MCN 机构新的营收增长点。

第三章
直播带货的驱动因素

在国人皆喜欢网购的前提下，直播带货提供了一种多维度的网购方式——既能娱乐，又能购物。观看短视频已成为大众热门的娱乐消遣方式，直播带货也就成为当下热门的购物方式之一。

一、供给驱动

从供给端来看，品牌的多元化发展与供应链的理念变革对直播带货有一定的促进作用。

1. 品牌的多元化发展

品牌的多元化促使直播电商的类型、形式、组货模式快速演化。目前直播电商已经基本形成了一套成熟的模式与方法。

（1）直播类型。直播电商形态分为达人播与企业自播，如图1-3-1所示。

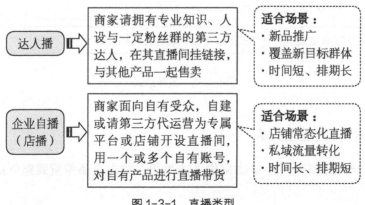

图1-3-1　直播类型

商家对自播的关注度明显提升，开拓了长远而稳定的出货渠道。2020年，淘宝平台诞生了近1000个过亿直播间，其中商家直播间数量占比超过55%。

（2）组货模式。达人播可根据产品的品类、调性、功能/功效、价格等与不同品牌商商议不同产品的出场顺序与曝光时间，如图1-3-2所示。

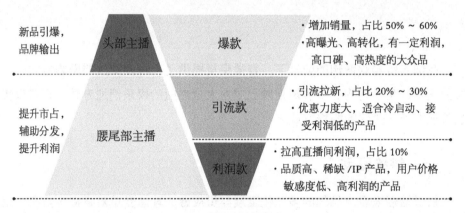

图 1-3-2　组货模式

（3）直播形式。直播形式有图1-3-3所示的几种。

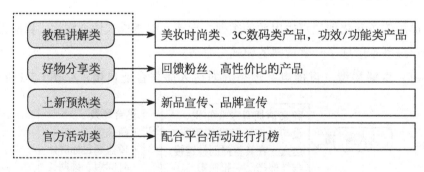

图 1-3-3　直播形式

2. 供应链的理念变革

供应链外部资源整合与C2M模式的兴起，成为直播带货赋能供应链的驱动力。

（1）供应链外部资源整合。供应链变革往往从企业内部整合开始，扩展到整个网链的紧密结合与集成。一项调查显示，有49%的企业想运作全产业链端到端的供应链协同，以取得降本增效的最大效益。

（2）C2M模式兴起。C2M模式仍处于过渡阶段，目前C2M主要是C2B2M，其中B是链接流量与供应链的平台，但模式仍存在图1-3-4所示的痛点。

 目前无法追求完全定制化，需求不能太过分散，即使有电商巨头通过整合消费行为数据，为工厂提供销售预测与建议，工厂为了保证及时出货仍需提前批量生产。这种预测的精准度依靠大数据技术的成熟度与供应链经验，且以平台的影响力为背书

 非标化生产要有柔性化生产线升级的技术和能力，能分解细化生产流程，满足小批量多频次出货，同时对采购计划与生产计划也要做彻底变革。由于不经济，几乎很少有工厂如此改进生产线

图1-3-4 C2B2M模式的痛点

直播电商对C2M最大的变革是去中心化更精准快速的需求预测与需求反馈、对产品的背书与对销量的保证，因此直播电商可以与制造商有更深度的合作。

二、用户驱动

人均收入提高，消费升级，用户在购物体验、效率等方面都有了更高的需求，这些也驱动了直播带货的快速发展。

1.用户行为决策结构化，迭代传统电商的流量分发方式

"图文+短视频+直播"三位一体的组合营销有着越来越重要的价值。淘宝、快手与抖音三大平台在内容形式与流量玩法的发展中不断互补。对于淘宝

来说，内容生态成为重要板块，首页下移、猜你喜欢上移、二跳变为无尽浏览，同时减少了用户对宝贝详情页的浏览，增加了直播与短视频的呈现。而快手与抖音等短视频平台则增加了直播与图文电商的比重，不断缩短直播与商城的触达路径，增加了搜索与评论功能，在提供沉浸式体验的同时为用户提供更便捷亲民的购物转化路径。

这类变革说明"图文+短视频+直播"沉浸式浏览已经成为必备的线上导购场景，信息获取与购买决策转移到更个性化与内容化的短视频与直播上。决策路径上，三类内容形式也有较大差异，用户的购前成本（含访问成本与决策成本）：直播＜短视频＜图文；购后成本：直播＞短视频＞图文。

2. 消费者追求极致性价比，推动带货品质效应升级

消费者追求极致性价比，从而推动带货品质效应升级。从用户端看，无论是高线城市用户还是下沉市场用户，货与价是直播购物的主要驱动因素。网购用户中存在大量价格敏感型消费者，减少溢价、物美价廉是其普遍诉求，由此为直播电商带来增量市场。直播电商的策略正从低价倾销向对高性价比产品的渗透转移，用户对大量成熟品牌的认知是空白的。今后单纯以清库存为目的进行直播带货的做法将失去竞争优势。未来培养用户的直播消费习惯，以及挖掘引致需求是关键，因此高性价比与质价比的商品存在较大的成长空间。

三、政策驱动

2020年，直播带货成为带动消费、提振经济的新引擎。国家与地方政府对直播带货的重视程度也与日俱增，相继出台政策以促进行业发展、规范行业行为。

1. 国家层面

据不完全统计，自2020年以来，国家多个监管部门陆续出台了超过20部法规章程，从供给侧规范直播带货行业各参与主体的权责边界。包括：市场监

管总局《关于加强网络直播营销活动监管的指导意见（国市监广〔2020〕175号）》，国家广播电视总局《关于加强网络秀场直播和电商直播管理的通知（广电发〔2020〕78号）》《互联网直播服务管理规定（征求意见稿）》，中国广告协会《网络直播营销行为规范》等。

2021年3月15日，市场监管总局制定出台《网络交易监督管理办法》，规定了直播服务提供者将网络交易活动的直播视频自直播结束之日起至少保存3年。当日，《网络交易监督管理办法》在中央广播电视总台第31届"3·15"晚会现场正式发布，该管理办法第二十条规定，通过网络社交、网络直播等网络服务开展网络交易活动的网络交易经营者，应当以显著方式展示商品或者服务及其实际经营主体、售后服务等信息，或者上述信息的链接标识。

2021年5月25日，由国家七部委联合发布的《网络直播营销管理办法（试行）》正式施行，文件划定了网络直播营销领域的八条红线、五个重点管理环节，囊括了网络直播的"人、货、场"，并进一步明确了"台前幕后"各类主体的权责边界。

2021年8月18日，商务部网站再度发布公告，公开征求《直播电子商务平台管理与服务规范》行业标准（征求意见稿）意见。意见稿中，针对直播电子商务业务生态体系，即直播营销平台、直播主体乃至电子商务交易平台作出了相关规范。

相关链接

网络直播营销管理办法（试行）

第一章　总则

第一条　为加强网络直播营销管理，维护国家安全和公共利益，保护公民、法人和其他组织的合法权益，促进网络直播营销健康有序发展，根据《中华人民共和国网络安全法》《中华人民共和国电子商务法》《中华人民共和国广告法》《中华人民共和国反不正当竞争法》《网络信息内容生态治理规定》等法律、行政法规和国家有关规定，制定本办法。

第二条　在中华人民共和国境内，通过互联网站、应用程序、小程序等，以视频直播、音频直播、图文直播或多种直播相结合等形式开展营销的商业活动，适用本办法。

本办法所称直播营销平台，是指在网络直播营销中提供直播服务的各类平台，包括互联网直播服务平台、互联网音视频服务平台、电子商务平台等。

本办法所称直播间运营者，是指在直播营销平台上注册账号或者通过自建网站等其他网络服务，开设直播间从事网络直播营销活动的个人、法人和其他组织。

本办法所称直播营销人员，是指在网络直播营销中直接向社会公众开展营销的个人。

本办法所称直播营销人员服务机构，是指为直播营销人员从事网络直播营销活动提供策划、运营、经纪、培训等的专门机构。

从事网络直播营销活动，属于《中华人民共和国电子商务法》规定的"电子商务平台经营者"或"平台内经营者"定义的市场主体，应当依法履行相应的责任和义务。

第三条　从事网络直播营销活动，应当遵守法律法规，遵循公序良俗，遵守商业道德，坚持正确导向，弘扬社会主义核心价值观，营造良好网络生态。

第四条　国家网信部门和国务院公安、商务、文化和旅游、税务、市场监督管理、广播电视等有关主管部门建立健全线索移交、信息共享、会商研判、教育培训等工作机制，依据各自职责做好网络直播营销相关监督管理工作。

县级以上地方人民政府有关主管部门依据各自职责做好本行政区域内网络直播营销相关监督管理工作。

第二章 直播营销平台

第五条 直播营销平台应当依法依规履行备案手续，并按照有关规定开展安全评估。

从事网络直播营销活动，依法需要取得相关行政许可的，应当依法取得行政许可。

第六条 直播营销平台应当建立健全账号及直播营销功能注册注销、信息安全管理、营销行为规范、未成年人保护、消费者权益保护、个人信息保护、网络和数据安全管理等机制、措施。

直播营销平台应当配备与服务规模相适应的直播内容管理专业人员，具备维护互联网直播内容安全的技术能力，技术方案应符合国家相关标准。

第七条 直播营销平台应当依据相关法律法规和国家有关规定，制定并公开网络直播营销管理规则、平台公约。

直播营销平台应当与直播营销人员服务机构、直播间运营者签订协议，要求其规范直播营销人员招募、培训、管理流程，履行对直播营销内容、商品和服务的真实性、合法性审核义务。

直播营销平台应当制定直播营销商品和服务负面目录，列明法律法规规定的禁止生产销售、禁止网络交易、禁止商业推销宣传以及不适宜以直播形式营销的商品和服务类别。

第八条 直播营销平台应当对直播间运营者、直播营销人员进行基于身份证件信息、统一社会信用代码等真实身份信息认证，并依法依规向税务机关报送身份信息和其他涉税信息。直播营销平台应当采取必要措施保障处理的个人信息安全。

直播营销平台应当建立直播营销人员真实身份动态核验机制，在直播前核验所有直播营销人员身份信息，对与真实身份信息不符或按照国家有关规定不得从事网络直播发布的，不得为其提供直播发布服务。

第九条 直播营销平台应当加强网络直播营销信息内容管理，开展信息发布审核和实时巡查，发现违法和不良信息，应当立即采取处置措施，保存有关记录，并向有关主管部门报告。

直播营销平台应当加强直播间内链接、二维码等跳转服务的信息安全管理，防范信息安全风险。

第十条　直播营销平台应当建立健全风险识别模型，对涉嫌违法违规的高风险营销行为采取弹窗提示、违规警示、限制流量、暂停直播等措施。直播营销平台应当以显著方式警示用户平台外私下交易等行为的风险。

第十一条　直播营销平台提供付费导流等服务，对网络直播营销进行宣传、推广，构成商业广告的，应当履行广告发布者或者广告经营者的责任和义务。

直播营销平台不得为直播间运营者、直播营销人员虚假或者引人误解的商业宣传提供帮助、便利条件。

第十二条　直播营销平台应当建立健全未成年人保护机制，注重保护未成年人身心健康。网络直播营销中包含可能影响未成年人身心健康内容的，直播营销平台应当在信息展示前以显著方式作出提示。

第十三条　直播营销平台应当加强新技术新应用新功能上线和使用管理，对利用人工智能、数字视觉、虚拟现实、语音合成等技术展示的虚拟形象从事网络直播营销的，应当按照有关规定进行安全评估，并以显著方式予以标识。

第十四条　直播营销平台应当根据直播间运营者账号合规情况、关注和访问量、交易量和金额及其他指标维度，建立分级管理制度，根据级别确定服务范围及功能，对重点直播间运营者采取安排专人实时巡查、延长直播内容保存时间等措施。

直播营销平台应当对违反法律法规和服务协议的直播间运营者账号，视情采取警示提醒、限制功能、暂停发布、注销账号、禁止重新注册等处置措施，保存记录并向有关主管部门报告。

直播营销平台应当建立黑名单制度，将严重违法违规的直播营销人员及因违法失德造成恶劣社会影响的人员列入黑名单，并向有关主管部门报告。

第十五条 直播营销平台应当建立健全投诉、举报机制，明确处理流程和反馈期限，及时处理公众对于违法违规信息内容、营销行为投诉举报。

消费者通过直播间内链接、二维码等方式跳转到其他平台购买商品或者接受服务，发生争议时，相关直播营销平台应当积极协助消费者维护合法权益，提供必要的证据等支持。

第十六条 直播营销平台应当提示直播间运营者依法办理市场主体登记或税务登记，如实申报收入，依法履行纳税义务，并依法享受税收优惠。直播营销平台及直播营销人员服务机构应当依法履行代扣代缴义务。

第三章 直播间运营者和直播营销人员

第十七条 直播营销人员或者直播间运营者为自然人的，应当年满十六周岁；十六周岁以上的未成年人申请成为直播营销人员或者直播间运营者的，应当经监护人同意。

第十八条 直播间运营者、直播营销人员从事网络直播营销活动，应当遵守法律法规和国家有关规定，遵循社会公序良俗，真实、准确、全面地发布商品或服务信息，不得有下列行为：

（一）违反《网络信息内容生态治理规定》第六条、第七条的规定；

（二）发布虚假或者引人误解的信息，欺骗、误导用户；

（三）营销假冒伪劣、侵犯知识产权或不符合保障人身、财产安全要求的商品；

（四）虚构或者篡改交易、关注度、浏览量、点赞量等数据流量造假；

（五）知道或应当知道他人存在违法违规或高风险行为，仍为其推广、引流；

（六）骚扰、诋毁、谩骂及恐吓他人，侵害他人合法权益；

（七）传销、诈骗、赌博、贩卖违禁品及管制物品等；

（八）其他违反国家法律法规和有关规定的行为。

第十九条 直播间运营者、直播营销人员发布的直播内容构成商业广告的，应当履行广告发布者、广告经营者或者广告代言人的责任和义务。

第二十条　直播营销人员不得在涉及国家安全、公共安全、影响他人及社会正常生产生活秩序的场所从事网络直播营销活动。

直播间运营者、直播营销人员应当加强直播间管理，在下列重点环节的设置应当符合法律法规和国家有关规定，不得含有违法和不良信息，不得以暗示等方式误导用户：

（一）直播间运营者账号名称、头像、简介；

（二）直播间标题、封面；

（三）直播间布景、道具、商品展示；

（四）直播营销人员着装、形象；

（五）其他易引起用户关注的重点环节。

第二十一条　直播间运营者、直播营销人员应当依据平台服务协议做好语音和视频连线、评论、弹幕等互动内容的实时管理，不得以删除、屏蔽相关不利评价等方式欺骗、误导用户。

第二十二条　直播间运营者应当对商品和服务供应商的身份、地址、联系方式、行政许可、信用情况等信息进行核验，并留存相关记录备查。

第二十三条　直播间运营者、直播营销人员应当依法依规履行消费者权益保护责任和义务，不得故意拖延或者无正当理由拒绝消费者提出的合法合理要求。

第二十四条　直播间运营者、直播营销人员与直播营销人员服务机构合作开展商业合作的，应当与直播营销人员服务机构签订书面协议，明确信息安全管理、商品质量审核、消费者权益保护等义务并督促履行。

第二十五条　直播间运营者、直播营销人员使用其他人肖像作为虚拟形象从事网络直播营销活动的，应当征得肖像权人同意，不得利用信息技术手段伪造等方式侵害他人的肖像权。对自然人声音的保护，参照适用前述规定。

第四章　监督管理和法律责任

第二十六条　有关部门根据需要对直播营销平台履行主体责任情况开

展监督检查，对存在问题的平台开展专项检查。

直播营销平台对有关部门依法实施的监督检查，应当予以配合，不得拒绝、阻挠。直播营销平台应当为有关部门依法调查、侦查活动提供技术支持和协助。

第二十七条 有关部门加强对行业协会商会的指导，鼓励建立完善行业标准，开展法律法规宣传，推动行业自律。

第二十八条 违反本办法，给他人造成损害的，依法承担民事责任；构成犯罪的，依法追究刑事责任；尚不构成犯罪的，由网信等有关主管部门依据各自职责依照有关法律法规予以处理。

第二十九条 有关部门对严重违反法律法规的直播营销市场主体名单实施信息共享，依法开展联合惩戒。

第五章 附则

第三十条 本办法自 2021 年 5 月 25 日起施行。

2. 地方层面

2020 年，各地政府也相继出台了不同的政策来扶持和规范直播带货行业的发展。下面简要介绍几个相关政策，见表 1-3-1。

表 1-3-1 2020 年一些地方层面的政策

序号	制定单位	时间	具体政策
1	北京市商务局	6 月 10 日	发布《北京市促进新消费引领品质新生活行动方案》，推动实体商业推广直播卖货等新模式
2	青岛市商务局	5 月 26 日	发布《青岛市直播电商发展行动方案（2020～2022 年）》，方案提到要构建一批直播电商产业集聚区，扶持一批具有示范带动作用的头部直播机构，将青岛打造成中国北方直播电商领先城市

续表

序号	制定单位	时间	具体政策
3	共青团黑龙江省委	7月5日	共青团黑龙江省委指导成立青年电子商务协会，同步牵头指导成立省MCN青年人才培养基地，力争把黑龙江打造成"直播带货"新高地
4	济南市委、市政府	5月22日	发布《大力发展电商经济打造直播经济总部基地的实施方案》，着力打造一批直播经济基地、建设一批产业直播经济集群
5	石家庄市政府	7月3日	出台《石家庄市新媒体电商直播示范城市网红人才成长计划（2020～2021年）》，力争到2022年末，将石家庄打造成全国领先的新媒体电商直播示范城市
6	菏泽市政府	5月18日	印发《菏泽市直播电商发展行动方案（2020～2022年）》，到2022年，将菏泽市打造成长江以北知名的直播电商发展高地
7	上海市政府	4月13日	印发《上海市促进在线新经济发展行动方案（2020～2022年）》，鼓励开展直播电商、社交电商、社群电商、"小程序"电商等智能营销新业态
8	四川省商务厅	4月8日	印发《品质川货直播电商网络流量新高地行动计划（2020～2022年）》，到2022年底，将四川打造为全国知名区域直播电商网络流量中心
9	杭州市商务局	7月9日	出台《杭州市商务局关于加快杭州市直播电商经济发展的若干意见》，到2022年，全市实现直播电商成交额10000亿元，对消费增长年贡献率达到20%。培育和引进100个头部直播电商MCN机构，建设100个直播电商园区（基地），挖掘1000个直播电商品牌（打卡地），推动100名头部主播落户杭州，培育10000名直播达人。
10	义乌市政府	12月1日	发布《关于加快直播电商发展的若干意见（试行）》，推动直播电商创新发展，以更大力度参与国内国际双循环发展

续表

序号	制定单位	时间	具体政策
11	广州市商务局	3月24日	出台《广州市直播电商发展行动方案（2020～2022年）》，将广州打造成全国著名的直播电商之都
12	重庆市商务委员会	5月10日	发布《重庆市加快发展直播带货行动计划》，力争将重庆打造成直播应用之都、创新之城
13	深圳市政府	7月7日	制订《深圳市关于进一步激发消费活力促进消费增长的若干措施》，发展网络达人直播消费，推动直播电商赋能优势产业、专业市场和特色商圈
14	厦门市商务局	8月3日	印发《厦门市直播电商发展行动方案（2020～2022）》，到2022年，力争实现直播电商年交易额突破百亿元，将厦门打造成全国直播电商中心城市

四、技术驱动

直播电商的发展离不开直播支撑技术的进步，这些支撑技术可以分为硬件、算法、宽带技术和芯片四类。硬件质量的升级、算法的升级、宽带技术的提升和芯片处理能力的提升为直播电商提供了良好的技术环境，如图1-3-5所示。而5G商用化的提速也能提升直播电商用户的体验，促进直播电商渗透率上升。

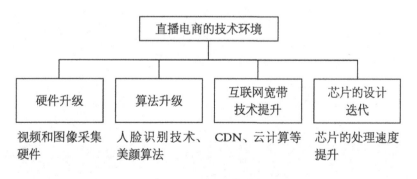

图1-3-5 直播电商的技术支撑

互联网宽带技术、基础资源提升为互联网直播提供了良好的基础条件；而采集硬件和系统升级、人脸识别技术应用和美颜算法优化、编码标准及芯片升级、云计算应用及CDN技术快速发展，则保证了互联网直播更流畅、更美观、更即时。互联网的发展，不仅为用户和主播同时带来更好的使用体验，也为直播行业发展带来更多的可能性。

并且，互联网也加持着网络达人经济的发展，使国内诞生了一批具有网络影响力的KOL达人。KOL通过自身的影响和独特优势，可以对已形成一定规模的粉丝群体进行精准高效的营销。自带较高转化率特征的KOL，逐渐发展成直播电商中的核心要素"人"，即主播。网络红人文化的形成与KOL影响力的渗透，同样驱动着直播电商的蓬勃发展。

第四章
直播带货的未来趋势

自2020年以来，行业的风口早已来到了电商直播领域，同时，在5G直播的技术条件下，电商直播的传播速度更快，能够带给消费者更好的消费体验，转化率更高。电商直播是大势所趋，商家自播也将是电商直播未来真正的主角。

一、直播电商深耕垂直领域

直播电商规模的扩大和生态圈的逐步完善促进了服务商的发展以及业务的进一步细分。服务商以专业的能力为更多入场的商家提供账号运营、直播运营以及其他全流程的电商服务，为平台提供可观的交易量，为消费者提供优质的购物体验，服务商的重要性日趋显著。2020年服务商营收规模已达到2463亿元，预计2023年将超过1.2万亿元，年复合增长率达72.2%。目前服务商市场竞争逐渐激烈，在垂直类目培养出的头部主播或在垂直类目积累出更多优秀案例的新入局服务商更有可能在竞争中留存。未来服务商会有更多的角色出现，从而衍生出更多的行业与机会。

一方面，2020年主播数量迅速增加，竞争更加激烈；另一方面，直播用户心智更加成熟，对专业化内容的需求增加，主播需要体现其对产品的专业性才能提高消费者的信任从而触发转化。此外，直播品类更加分散，母婴、保健等品类占比不断上升。

因此，无垂类专业度的主播转型带货成功的概率降低，多数主播的发展路径是：最初深耕一个品类，培养高忠诚度高、转化的私域流量，随着直播场次、时长与流量的积累，吸引更多品牌商合作，扩大货品池，主播的优势品类占比逐渐降低。

二、直播平台将持续深入产业链

由于参与直播电商竞争的商家增多，平台内商品同质化程度提升，流量资源成为现阶段的争抢目标之一。流量成本的上升挤压了商家获利空间，提升供应链效能成为解决该问题的途径之一。平台作为产业链中起主导作用的一环，为了提升供应链能力，将会在现有基础上与更多参与方深度合作，挑选优质供应链并助力其发展，赋能制造商及中小商家，提升运作效能。

此外，内容作为直播电商的驱动之一，其质量直接影响消费者的购物体验和黏性。各平台2021年陆续推出多个规范达人、商家、服务商等各参与方的行为细则，从"打击""治理"和"激励"三个层面去除现有内容中的糟粕部分，创建平台提供专项培训，与服务商联合创新内容，预计未来直播电商输出内容的质量将会得到更多的重视，也会更加规范和创新。

三、主播上播门槛提高

主播存在入行壁垒，但在初期流量红利的加持下并不明显，随着行业不断成熟、竞争不断激烈，以及政策监管趋严，主播准入门槛将持续提高，主播专业度的重要性将逐渐增加。表征为2021年行业主播的净流入较2020年放缓，虽然行业没有阶层固化，但是培养一名腰部及以上主播的难度增加，对新人的要求也逐步提高，具体表现如图1-4-1所示。

表现一	监管趋严，对社交媒体和视频直播购物从业人员的培训与上岗提高了要求
表现二	流量采买的成本增加，目前培养一位主播的启动资金至少需要数百万元

| 表现三 | 整体行业已经过了招聘爆发期，经过了一轮淘汰洗牌后，行业已经存续了一批适合且小有规模的主播 |

| 表现四 | 经过不断地试错与发展，行业准入门槛与上播门槛同时提高，尤其是当颜值、毅力、表达力等成为必备质素时，专业度成为主播更有价值的竞争壁垒，这需要主播对自己的主攻品类有深入的了解与强专业度，并且要深入了解供应链的所有环节，专业化的培训不可或缺 |

图1-4-1　主播上播门槛提高

四、直播机构实现B端商业化破圈

未来将有更多的直播机构加强对供应链上下游的渗透以及对产业链合作资源的渗透，具体表现如图1-4-2所示。

1 促进产业链各方高效合作，尤其是与头部物流公司达成面向直播电商的针对性合作，同时细化并匹配自有供应链团队

2 MCN机构将逐步打造自有品牌以及建立自有供应链，由机构中的头部主播牵头，撬动更多的产业带资源，同时形成自有的供应链平台，实现渠道资源与主播的双向赋能

3 与优质供应链合作，参与研发生产环节，降低对主播的依赖性，打造自有品牌，形成长效的竞争壁垒

图1-4-2　直播机构实现B端商业化破圈

五、"人、货、场"三要素多元化

随着政策利好、资本加持、平台扶持，直播电商行业快速发展，在"人、货、场"方面均呈现多元化趋势，如图1-4-3所示。

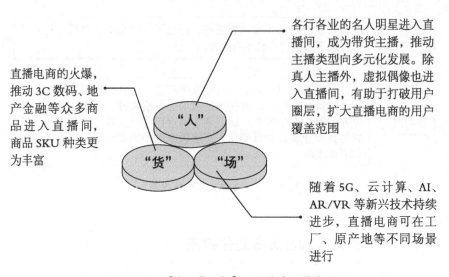

直播电商的火爆，推动3C数码、地产金融等众多商品进入直播间，商品SKU种类更为丰富

各行各业的名人明星进入直播间，成为带货主播，推动主播类型向多元化发展。除真人主播外，虚拟偶像也进入直播间，有助于打破用户圈层，扩大直播电商的用户覆盖范围

"人"

"货"　"场"

随着5G、云计算、AI、AR/VR等新兴技术持续进步，直播电商可在工厂、原产地等不同场景进行

图1-4-3 "人、货、场"三要素多元化发展

六、品牌自播成新趋势

由于MCN机构与达人的坑位费和佣金抽成挤压商家利润空间，品牌与商家自播逐步成为直播电商的新趋势。商家可通过与MCN机构、达人合作进行销售产品，或自建账号进行直播带货。品牌与商家为提升利润，开始加快自建运营团队的步伐。

同时，MCN机构与达人存在"出走"的风险，平台将加大对品牌自播的支持力度。

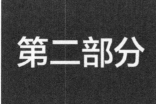

第二部分

直播带货的准备

第一章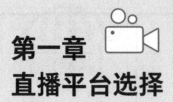
直播平台选择

随着电商直播的爆发，直播带货越发成为品牌营销的标配。不过要想让产品卖得好，还得找对适合产品的平台，找准最恰当的带货策略。在此，介绍几个主要的直播平台。

一、抖音直播平台

抖音是一款音乐创意类短视频社交软件，以音乐创意表演内容打开市场，得到了大量用户。基于庞大的用户基础，抖音在直播营销行业占据着头部平台的位置。

1. 抖音直播的打开方式

目前，抖音直播的打开方式主要有三种，如图2-1-1与图2-1-2所示。

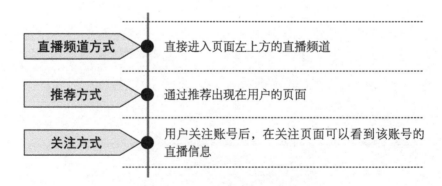

图 2-1-1　抖音直播的打开方式（一）

图 2-1-2　抖音直播的打开方式（二）

2. 抖音直播用户的潜在规模

据《2020年抖音数据报告》显示，截至2020年8月，抖音日活跃用户突破6亿，日均视频搜索次数突破4亿，这两个数据可以看作是抖音直播的潜在用户规模。

3. 抖音直播用户属性

2020年4月，抖音联合巨量引擎发布的《2020年抖音直播数据图谱》（以下简称《图谱》）显示，抖音直播用户的属性如下。

（1）在城市分布上，抖音直播用户主要集中在三线及以上城市，其中三、四线城市的用户人数最多。

（2）在年龄上，抖音直播的用户群体年龄主要在24～40岁，多为"80后"

和"90后"用户。

（3）在性别结构上，男性用户比例高于女性用户比例。

（4）从抖音直播用户活跃时间分布上来看，8:00～22:00用户活跃度更高，晚高峰为20:00。周末一般在9:00～17:00用户更活跃，工作日一般在19:00～23:00用户更活跃。

4. 抖音用户兴趣偏好

在抖音做直播运营，运营者需要借助优质的短视频内容吸引用户关注，因而需要其了解抖音用户的兴趣偏好。

根据《图谱》的内容分析，不同性别、不同年龄段的用户，其兴趣偏好有所不同，具体如下。

（1）男性用户对游戏、汽车等内容偏好度较高，女性用户对美妆、母婴、穿搭等内容偏好度较高。

（2）"00后"用户对游戏、电子商品、时尚穿搭类直播内容偏好度较高；"90后"用户对影视、母婴、美食类直播内容偏好度较高；"80后"用户对汽车、母婴、美食类直播内容偏好度较高。

5. 抖音直播平台的特点

抖音平台直播的特点可以分别从内容与传播两个维度来进行分析。

（1）内容维度。在内容维度上，抖音直播具有表2-1-1所示的特点。

表2-1-1 抖音在内容维度上的特点

序号	特点	具体说明
1	娱乐化	娱乐化是网络直播最大的特点，不管是秀场直播、游戏直播，还是电商直播，主播选择的直播内容往往都带有娱乐因素，能够让观众感受到快乐
2	多样化	如今网络直播进入全民时代，不但充分挖掘了平时隐藏在人群中的各类主播，且直播内容涵盖了秀场、电商、游戏、户外、教学等，可以满足观众多方面的内容需求

续表

序号	特点	具体说明
3	主播明星化	虽然主播与网络直播平台签约后，其身份与其他幕后人员并无差别，但展现在镜头前的形象和气质一旦吸引观众，俨然就会成为倍受推崇的对象。主播的粉丝不仅会对其称赞和打赏，还会在直播开播后的几分钟内通过其他社交平台获知其直播信息，主动进入直播间观看，很多人气高的主播甚至能够达到数十万乃至数百万的"人气值"
4	商业化	商业化分为两种情况，一是主播在直播时推销自己或合作的电商店铺，吸引粉丝购物，将粉丝转化为购买力；二是主播鼓励粉丝刷礼物，以换取言语奖励、直播间管理员权限等相应的奖励
5	发展"直播+"模式	在网络直播发展初期，网络直播的盈利模式单一，主要依靠用户付费。在整体行业逐步成熟的背景下，"直播+"进一步释放了网络直播行业的价值，如"直播+公益""直播+电商""直播+音乐""直播+电竞"等，成为各个平台突破自身发展天花板的重要方式。"直播+"模式推动直播平台向产业链各端渗透，促进平台内容创新和产品创新，在增加用户黏性的同时，其强大的传播能力和即时、互动及透明等特点为其他行业带来了新的增长点

（2）传播维度。在传播维度上，抖音直播具有表2-1-2所示的特点。

表2-1-2　抖音在传播维度上的特点

序号	特点	具体说明
1	时间碎片化	由于网络资费的降低和智能手机的普及，人们可以随时随地观看网络直播，尤其是娱乐型的直播内容，观众任何时候观看都可以获取快乐，不拘泥于固定的时间
2	持续性	持续性是网络直播"圈粉"的重要特征，粉丝每天都期待着主播直播，一旦主播几天没有直播或者直播时间不规律，粉丝流失的速度会十分惊人

序号	特点	具体说明
3	即时互动性	直播的双向即时互动性是其他文字、视频交流方式难以匹敌的，在网络直播中，不管主播的名气大小，都会与观众进行实时交流
4	形成弹幕文化	弹幕文化起源于"二次元"网站，如今在网络直播中实现了文化生产消费的有机循环。观众不仅把弹幕作为表达情绪的工具，还形成了一系列独特的弹幕文化，强化了观众的群体认同心理
5	分享便捷	观众在享受了网络直播带来的愉悦之后，可以通过发送链接或二维码的形式将直播间网址链接分享到微信朋友圈、微博等社交平台，被分享者不需要进行额外的操作就可以准确、迅速地进入相应的直播间
6	马太效应	在直播平台中，观众并非是被平均分配给每个主播的，而是以一种幂律分布的方式聚集，形成马太效应。知名的主播会占据大部分的观众资源，而不知名主播的观众数量可能不及知名主播的百分之一

6. 抖音直播平台的营销优势

综上所述，抖音直播平台具有图2-1-3所示的3个营销优势。

优势一 ▷ 潜在用户多

抖音凭借内容分发机制优势和优质的短视频内容，成为短视频用户最常用的软件之一，在各个年龄段、性别及地区都拥有大量的忠实用户群体，用户使用时长也在不断增加。这意味着，在抖音平台进行直播营销，将获得更多的潜在流量

优势二 ▷ 能够精准投放

抖音直播平台能够利用用户画像分析用户的兴趣爱好，进行有针对性的推送，减少对不相关用户的干扰，找到精准用户

优势三	直播运营计费灵活，店铺投入成本低

抖音平台上的直播运营计费方式灵活。在抖音平台上进行直播营销，只需开通橱窗，就可以在直播间添加购物车，不需要在开设店铺上投入大额资金

图2-1-3　抖音直播平台的营销优势

二、快手直播平台

和抖音一样，快手也是通过短视频业务打开市场的，积累了大量的用户基础后，其在2016年开通了直播功能，随后积极探索新的盈利模式，在探索直播和电商的道路上走在了行业的前列。快手与抖音虽然是竞品，但用户群体略有不同，这也让快手直播的营销价值与抖音直播的营销价值有所差异。

目前的快手直播，用户可以通过直播广场进入；如果用户关注的账号正在直播，在其关注页面，就会显示"直播中"。可见，在快手平台，直播内容能否被推送，一个关键因素在于直播账号是否得到了用户的关注。

1.快手直播用户规模

快手大数据研究院发布的《致披荆斩棘的你——2020快手内容生态半年报》（以下简称《半年报》）显示，自2019年7月至2020年6月，快手直播的用户为3亿，快手直播日活跃用户数量为1.7亿。

2.快手直播用户属性

从快手直播用户城市分布上看，一线城市用户占比为15%，二线城市用户占比为30%，三线城市用户占比为24%，四线及以下城市用户占比为31%。也就是说，快手在下沉市场中拥有更多的用户群体。从快手直播用户的年龄与性别结构上看，30岁以下的用户占比超70%。

3. 快手直播用户偏好

在快手的短视频用户中，用户喜欢拍摄运动、美食等方面的内容，喜欢观看旅游、技能、二次元和舞蹈等方面的内容。

在快手的直播用户中，女主播偏好商品售卖及推荐、日常生活展示、闲聊互动、才艺技能展示等方面的内容；男主播偏好商品售卖及推荐、闲聊互动、科普教学、游戏直播等方面的内容。

4. 快手直播平台的营销优势

综上所述，快手直播平台具有图2-1-4所示的几个营销优势。

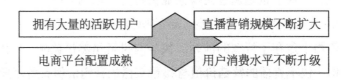

图 2-1-4　快手直播平台的营销优势

三、淘宝直播平台

淘宝直播是阿里巴巴基于自身的电商资源推出的直播平台，定位于"消费类直播"，直播商品涵盖范畴广且用户购买方便。淘宝直播平台于2016年3月份试运营，初期只是手机淘宝的板块之一，依附于淘宝平台，得到了大量的商家、供应链资源和强大的用户群体。2019年春节期间，淘宝直播正式上线独立APP，2021年1月升级后更名为"点淘"。

不同于抖音和快手，目前的淘宝直播，主要以直播为主。

在"直播"页面，平台依据淘宝用户的购物偏好和关注偏好推荐了相似账号正在直播的内容，"关注"页面则显示淘宝用户主动关注的账号正在直播的内容和已经完成直播的内容。

1. 淘宝直播用户规模

2021年4月28日，《淘宝直播2021年度报告》（以下简称报告）出炉。报告称，截至2020年末，淘宝直播提供直播内容超过10万场，用户每天观看时长超过50万小时，近1亿件商品在淘宝直播间上架；直播带货主播数量也显著增长，同比2019年增长了661%。

数据显示，2020年淘宝直播日均活跃用户大幅度提高，同比增长100%。据阿里巴巴2021财年三季度财报信息显示，截至2020年12月31日，12个月淘宝直播带来的GMV（成交额）超过人民币4000亿元。

根据报告，2020年淘宝直播诞生了近1000个销售过亿元直播间，其中商家直播间数量占比超过55%，略高于达人直播间。报告指出，2020年，商家对直播场景的关注度明显提升，淘宝直播的货品资源也呈现多元化态势，具体如图2-1-5所示。

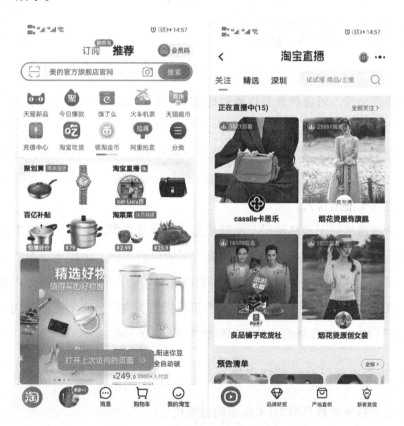

图 2-1-5　淘宝直播平台界面截图

2. 淘宝直播用户属性

关于观看直播的消费者情况，该报告分析呈现四个方面特征。

（1）在性别上，女性用户更爱看直播，但男性用户增幅也很明显，2020年淘宝直播男性用户比重较2019年提升超过4%。

（2）在年龄上，淘宝直播用户集中于"80、90后"，但"00后""70前"的用户数量同比2019年上涨了14%、18%。

（3）在地域上，一、二线城市的用户对直播电商接受度较高，但五、六线城市下沉市场的消费者同样占比明显。

（4）此外，淘宝直播Z世代用户比重达到23%。

3. 淘宝直播用户兴趣偏好

该报告显示，从参与直播的商品品类上看，2020年度商家进入淘宝直播渠道的程度加深，对应着参与直播的商品品类也更加丰富全面。从成交金额上看，实力较强的3C数码、大家电、生活电器行业挤进了TOP10，此外，美妆、食品、母婴等品类连续两年成交金额上涨超过100%。从成交金额增速上看，医美、3C数码、汽车等高客单价品类和图书音像、家装、运动户外等面向特定用户的品类增速喜人。

由于直播更便于产品展示，能够快速吸引垂直客群的目光，所以带动了许多垂类新潮产品成交额大增。以女装类目下的汉服为例，2020年汉服的成交金额同比增速高达753%，筋膜枪2020年的成交额同比大增864%。医美以及医卫产品也在直播带货中爆发，2020年，淘宝直播医美类目牙齿矫正项目成交额同比增加13546%，宫颈癌疫苗成交额同比增速达100386%。

4. 淘宝直播平台的营销优势

淘宝直播平台具有图2-1-6所示的营销优势。

品类多，保障强  依托淘宝平台强大的商品供应能力、用户数据分析能力、支付保障和售后保障体系，淘宝直播可以提供完整的用户运营链路及更有保障的物流服务

专业互动  淘宝直播的主播，发挥的功能和线下商场中的导购类似

形态多样 👉 在淘宝直播平台，除了常规"卖货"直播产生的UGC，淘宝直播官方也联合各行各业及电视台等，产出众多PGC节目，以满足用户对直播内容的多样化需求，增加用户对直播平台的黏性

图 2-1-6　淘宝直播平台的营销优势

四、京东直播平台

与淘宝直播、快手直播一样，京东直播也起步于2016年，但发展却较为缓慢。以2019年为例，淘宝直播的成交总额已经突破2000亿元，累积用户达4亿；而京东2019年发布的财报显示，京东平台的成交总额虽然已经超过2万亿元，但通过直播实现的成交额占比极低。此前，京东平台可能对京东直播不够重视，而如今，京东平台为直播业务提供了大量的资源扶持。

1. 京东直播用户规模

京东发布的《2021年京东集团第二季度及半年度业绩报告》显示，截至2021年6月30日，京东过去12个月的活跃购买用户数较2020年同期的4.174亿增长27.4%至5.319亿。京东平台用户规模的持续增长，意味着京东直播的用户规模也将继续增长。

目前的京东直播频道入口，在京东首页占据着非常明显的位置，在京东首页的"京东直播"模块，显示的是用户最近浏览过的商品；而进入京东直播频道，在"主播力荐"模块，出现的也是用户最近浏览过的商品。可见，在京东

平台，如果直播内容与用户想要购买或经常购买的商品有关，直播内容会更容易推荐给用户，具体如图2-1-7所示。

图 2-1-7　京东直播平台界面截图

2.京东直播用户属性

2020年4月，京东发布了《京东直播白皮书》（以下简称《白皮书》），对目前京东直播的各项数据进行了解读，为京东商家后期开展直播业务指明了方向。

《白皮书》显示：京东直播用户在性别构成上，男女用户的比例为6:4；在年龄分布上，约50%的直播用户年龄在26～35岁；在城市分布上，一、二线城市的用户占比最高，为42%。

3. 京东直播用户的兴趣偏好

《白皮书》显示，京东直播的用户群体主要为一线城市的用户，用户的浏览偏好集中在食品饮料、母婴、手机通信、家用电器、服饰、电脑办公等方面的商品。

4. 京东直播的营销优势

借助京东平台，京东直播具有图2-1-8所示的营销优势。

平台扶持	品质化
京东直播的近期目标是，推动直播成为商家和大促活动的标配，使直播成为商家和平台的重要营销工具和渠道。为此，京东直播得到了京东平台的大力扶持	不同于其他直播平台，京东在发展直播业务时非常重视直播的品质，希望和商家一起把直播做成有效的品牌营销策略，而不仅仅是"带货"工具。为此，京东直播从场景和内容两个方面来推动直播品质化发展

图 2-1-8　京东直播的营销优势

五、拼多多直播平台

拼多多创立于2015年9月，瞄准低线城市对价格敏感的用户群体，凭借"社交裂变+低价爆款"的商业模式，在竞争激烈的电商领域迅速抢占了一席之地，并于2018年7月在美国纳斯达克证券交易所正式挂牌上市。2020年1月19日，拼多多直播正式上线。

不同于淘宝直播已成型的直播生态，拼多多直播刚上线不久，正处于蓬勃发展的关键时期，拼多多平台也对直播提供了诸多资源扶持。

目前，拼多多直播频道入口位于拼多多首页下方的位置；推荐的直播内容以用户关注和用户购物偏好为主，如图2-1-9所示。

图2-1-9　拼多多直播平台界面截图

1. 拼多多的用户规模

根据拼多多发布的2021年第一季度财报显示，截至2021年3月31日，拼多多年度活跃买家数达到8.238亿，较上一年同期净增1.957亿，连续第二个季度领先于国内其他电商平台。这样的用户规模和增速，体现了拼多多"百亿补贴"的营销策略及商业模式对用户的吸引力，也从一定程度上体现了广大用户对拼多多的黏性在不断增强。

2. 拼多多的用户属性

在拼多多的活跃用户中，男性用户和女性用户比例接近1∶1。

在年龄分布上，25～35岁的用户占比最大。这部分用户显著的特征是，正处于职场的上升期与婚姻家庭的组建期，消费需求旺盛，同时，财务积累也相对薄弱，因而更愿意购买低价商品。但这并不意味着，拼多多用户缺乏购买力，拼多多的用户中，也有较多的中高消费群体，其中中等消费水平群体占比超过50%。

3. 拼多多的用户兴趣偏好

目前，拼多多的核心用户偏好"低价"，对"特低价"很敏感。而对于拼多多正在拓展的用户群体，即大学生与一、二线上班族，虽然也在意价格，但仅仅是在对品质要求不高的商品上选择低价。因此，他们的主要购物渠道并不是拼多多，只是偶尔在拼多多购买一些生活类用品。

4. 拼多多直播的营销优势

拼多多自下沉市场起家，早期用户多数来源于微信生态内体量庞大且未接触过电商领域的群体，在下沉市场中，拥有强大的用户基础。而如今，阿里巴巴和京东也都在挖掘下沉市场。

比如，淘宝推出"淘宝特价版"，以获取来自低线城市的新用户；京东先是推出了以低价拼购业务为核心的社交电商平台"京喜"，随后又选择与用户重复度较低的快手签署了战略合作协议，让快手用户无须跳转，即可在快手小店购买京东自营的商品。

因此，在直播营销中，若销售的商品是能抓住下沉市场用户喜好的低价商品，拼多多直播会是一个很好的选择。

六、视频号直播平台

2020年10月2日，微信视频号开通了直播功能，流量入口不断增加，以公众号为主的创作者在视频号直播中扛起了直播大旗。尽管视频号比抖音、快手等直播平台起步晚，但可以预见，它很快会成为直播营销的新"战场"。

用户可以在视频号的"朋友"页看到朋友看过的直播信息，或者在朋友圈

看到微信朋友分享的直播信息，如果感兴趣，直接点击即可进入直播间，如图2-1-10所示。

图 2-1-10　视频号直播平台界面截图

主播开展直播，只需通过视频号右上角的【个人主页入口】进入个人主页，在"我的视频号"板块中点击"发起直播"，即可直接发起直播或设置直播预告。

目前的视频号直播，具有图2-1-11所示的营销优势。

图 2-1-11　视频号直播平台的营销优势

相关链接

新手如何选择直播带货平台

当消费端的行为习惯和偏好发生变化时，行业各方也会及时捕捉到潜在的商业机会和业务定位，快速适应消费端变化，组建新的增长线。在此环境下，2020年初直播行业也迎来了如沐春风般的生长，除了专业垂直直播平台外，短视频、社交、电商、综合视频平台等也纷纷布局了直播业务。但对于想展开线上直播营销的品牌商来说，在决定直播时，会面临如何选择平台的难题。要考虑平台调性匹配、用户匹配、流量推荐、内容制作和主播选择等。

如今，直播平台的发展已呈现出三大梯队，如下表所示。

直播平台的三大梯队

	直播平台	平台调性
第一梯队	淘宝	商家、主播带货直播
	抖音	头部主播娱乐、带货
	快手	头部主播娱乐、带货
第二梯队	微博	微博 KOL、头部主播娱乐
	拼多多	商家店铺直播带货
	西瓜视频	达人直播带货
	京东	商家店铺、联合明星 KOL 带货
	小红书	分领域 KOL、明星直播带货
	哔哩哔哩	UP 主带货
第三梯队	虎牙直播	以游戏直播互动为主
	花椒直播	重生活内容直播分享
	斗鱼直播	全民游戏直播平台

续表

	直播平台	平台调性
第三梯队	YY	以游戏直播互动为主
	苏宁易购	商家店铺直播带货
	蘑菇街	女性电商、买手直播带货

对于新手来说，在选择直播平台时应考虑以下几点。

1.考虑平台背景

想在一个平台长期入驻，必须要充分了解该平台，除了平台流量、带货模式，还要知道分成方式、流量来源、流量年龄段等，尽量做到与自己的特性、产品的特性高度吻合。

2.找准平台定位

现在的带货平台基本都已经有了定性，比如：淘宝直播具有电商特性，而各大直播平台的电竞属性非常强，看自己更适合哪一类。就像直播平台里的游戏主播，他们会选择虎牙、斗鱼等平台进行直播，大家肯定没有在淘宝直播里看过他们打游戏。

3.考虑平台发展

每个平台的政策不同，扶持计划也不同，拿抖音来说，每隔一段时间就会对扶持的项目做一些更改，这样做是为了更好地迎合市场、迎合人群。作为新手主播，要尽量看到这些平台的发展趋势、政策扶持，这样才能更好地生存下去。

第二章
团队组建

现在的竞争都强调团队作用。如果想要真正做好直播带货，搭建一个团队是很有必要的。当然，不同的阶段、不同的规模，其团队配置也不一样。

一、初创团队的配置

初创团队多指以节约成本为核心的小规模直播运营团队。由于受到资金、产品、经验等条件限制，组建团队具有较大局限性。为了节约资金成本，通常需要简化人员配比，缩小团队规模。

一般情况下，初创阶段可以3人成团，其组织架构如图2-2-1所示。

虽然初创团队的人数比较少，但是该做的工作不能少。这就需要每个人身兼多职，完善团队分工。同时也要提高学习能力，储备好经验知识，为后来的进阶阶段做准备。具体来说，初创团队的职责分工如表2-2-1所示。

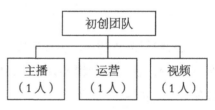

图 2-2-1　初创团队的配置

表 2-2-1　初创团队的职责分工

序号	职责分工	具体说明
1	主播	主要负责直播脚本撰写、组合产品、现场带货及粉丝气氛调动
2	运营	主要负责产品上下架、广告引流投放、直播数据分析
3	视频	主要负责引流视频的拍摄、剪辑和现场直播录制

二、进阶团队的配置

进阶阶段多指直播团队初具规模的时期。在此阶段，团队工作量大大增加，但是现有团队人员已不能够满足所有的工作需求，团队组织架构如图2-2-2所示。

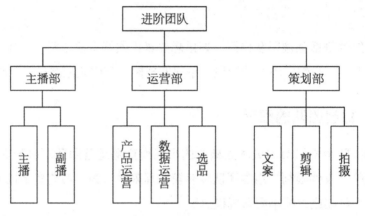

图 2-2-2　进阶团队的配置

进阶阶段的直播间，需要增加专门的选品、文案人员，同时要给主播配备副播/场控，视频和剪辑要分开，运营人员也要增加。具体来说，进阶团队的职责分工如表2-2-2所示。

表 2-2-2　进阶团队的职责分工

序号	职责分工	具体说明
1	主播部	主播＋副播/场控的搭配模式，可避免主播不在时造成直播空屏。主播部的人要熟练掌握产品推销技巧，了解核心卖点，实时与粉丝进行互动
2	运营部	运营部开始分方向，产品运营＋数据运营搭配组合，由不同方向的运营负责不同的工作，才能更好地促进产品展示、流量引进及数据分析，及时调整运营策略。而且选品也要由专人负责，主要对接产品供应链，以商品为核心、以用户为导向，深挖市场需求与组合产品搭配，选出不同款式，精准组合定价，打造完美的产品体系

续表

序号	职责分工	具体说明
3	视频部	此阶段，剪辑和拍摄要分开，由专人负责，才能更好地对视频进行更新迭代，提高视频质量。而文案主要负责创意输出，深挖时事热点、爆点，进行脚本撰写和修改，与主播进行直播文案沟通，为直播提供优质文案

小提示

　　进阶阶段的直播间最好能制定考核 KPI，明确工作职责，细化工作内容，合理的考核与激励是推动直播团队发展的重要环节。

三、成熟团队的配置

　　成熟阶段多指团队基本完善且分工较为明晰的时期。这个阶段的人员分工会更加精细化，可以划分出商务部、创意部、直播部、运营部、客服部5大部门，如图2-2-3所示。

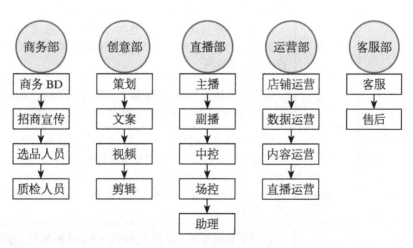

图2-2-3　成熟团队的配置

具体来说，成熟团队的职责分工如表2-2-3所示。

表2-2-3 成熟团队的职责分工

序号		职责分工	具体说明
1	商务部	商务BD	商务BD，即商务拓展，主要负责寻找合作商家，达成项目合作，进行产品及活动招商等
		招商宣传	负责直播团队宣传、招商项目信息发布等
		选品人员	针对账号定位及用户需求进行选品、对接供应链、商品提报、优惠谈判、对标竞品分析等
		质检团队	对所选产品进行质量把控等
2	创意部	策划	根据直播产品确定直播主题，撰写直播方案，根据粉丝的性质制定活动及福利政策
		文案	主播直播现场的话术沟通与撰写，粉丝互动及产品售卖话术、创意文案输出
		视频拍摄	负责日常拍摄工作
		视频剪辑	负责将拍摄好的视频进行剪辑和特效添加，包括引流视频、账号日常更新视频等
3	直播部	主播	负责直播期间商品讲解、售卖，直播间气氛调动，品牌形象树立；同时也要负责参与前期选品和直播策划，熟悉直播间整体流程
		副播	主要负责协助主播，在主播非空闲时积极回答观众的问题，并与粉丝互动，解答粉丝疑问，引导粉丝抢购下单
		助理	辅助性极强，负责协调主播，配合直播间所有工作；开播前需要确认货品、样品以及道具是否就位
		中控	负责直播时商品上下架、红包发放、优惠券发放、活动报名等操作
		场控	控制主播的节奏，提醒主播把控产品讲解时间，按照脚本流程走；直播设备调试，各项前端工作确认

续表

序号	职责分工		具体说明
4	运营部	店铺运营	负责配合直播店铺的相关运营工作，包括直播小店的运营，产品的上下架、改价等
		数据运营	负责直播前后数据监测、收集、分析、复盘，用数据反哺直播，优化直播方案等
		内容运营	负责直播前后的内容运营、造势，直播期间的玩法配置、内容更新等
		直播运营	负责直播期间流量引入、广告投放及直播各项业务的一切运营工作等
5	客服部	售前客服	配合主播进行直播间互动，解决客户问题，维护口碑；商品详细咨询及推荐，以及对未下单客户通过相应手段催单
		售后客服	快递问题解决，店铺权重维护；问题商品处理，解决差评，提升客户满意度

相关链接

××公司电商直播运营中心组织架构

一、电商直播运营中心组织架构图

二、电商直播运营中心职责分工

电商直播运营中心职责分工如下表所示。

电商直播运营中心职责分工

部门	岗位名称	职责分工
	电商直播运营总监	全面负责公司电商渠道平台营运管理工作，包括运营团队管理、营销活动管理、直播管理、用户管理、会员运营管理、客服管理等，统筹管理电商直播运营中心
电商运营部	电商运营经理	负责店铺运营方向、产品经营类目、市场规划、品牌营销、数据监测等，以及业务的整体规划和运营管理，完成店铺各项指标。制定电商平台全盘运营方案，通过活动策划提升销量，负责全盘运营结果
电商运营部	电商运营专员	负责产品编辑及发布、产品上下架。负责运营数据监控，包含但不限于营销数据、交易数据、客户评价，及时调整运营策略和方向。通过数据统计、总结、分析等，提升店铺点击率、转化率
电商运营部	电商推广专员	负责通过直通车、钻展、活动等手段，提高店铺流量，在增强营销效果的同时降低费用。定期对全店数据进行分析处理，根据数据分析结果找出店铺问题并提交上级。按照推广方案，分配推广渠道与流量比例，做到最合理优化
电商运营部	电商活动专员	负责电商平台后台活动的报名，第一时间反馈活动进展情况到运营。制定活动报名周期和计划，配合运营完成报名选款工作，报名成功后，跟进活动效果，及时提供活动数据并总结分析
直播运营部	直播运营经理	负责直播平台的产品管理、内容管理、用户管理等运营管理工作，以及直播业务前、中、后各环节的运营。根据产品定位、主播风格、粉丝特性，策划符合平台特点的直播形式和内容，对直播销售额和粉丝活跃度进行管理
直播运营部	带货主播	通过直播间向粉丝展示商品，介绍店铺活动、产品卖点等。解答粉丝疑问，并提供相应的建议，引导观众完成购买流程。根据线上促销活动，提前预告商品，与粉丝进行互动，活跃气氛，提高粉丝活跃度，引导粉丝关注直播间，提高直播在线人数

续表

部门	岗位名称	职责分工
直播运营部	直播运营	负责直播后台商品上下架，商品维护，直播过程中链接、预告以及活动发布等。配合主播完成各平台的直播工作，包括前期准备、直播间互动设计、节奏把控、场控和突发问题处理等。定期分析直播运营数据，评估直播效果，提出直播优化建议
直播运营部	直播客服	负责在直播过程中与观众粉丝进行互动，并进行产品介绍与营销活动宣传推广，整理和维护直播粉丝，在粉丝群解答客户疑问
客服部	客服经理	负责电商平台客服团队的管理，即时处理在线咨询、在线销售、售后服务等作业环节中出现的各种问题。提高品牌用户活跃度和留存率，分析数据，识别、理解用户需求，提高产品的体验和满意度
客服部	售前客服	负责通过后台聊天工具接待客户，解答疑问，促成交易，获取订单，答复、跟进及反馈客户咨询，操作店铺后台，处理订单，及时准确修改备注，进行订单跟进等，对店铺销售业务的顺利进行和有效转化负责
客服部	售后客服	负责通过后台在线聊天工具与客户沟通，处理售后疑问。负责店铺后台退换货审核，跟进退换货售后，及时处理退款/换货。负责异常物流跟进，回复催单记录、店铺差评等，重要售后及时记录并跟进问题反馈、回访情况
企划部	企划经理	负责公司电商渠道的整体形象设计、商品展示设计、详情页优化、整体布局、活动推广等。把控店铺的整体风格和视觉呈现，全面提升网站的整体视觉效果。对产品拍摄及方案策划、内容产出、视频、文章等内容的制作与发布，以及曝光量、粉丝增长量、互动数据负责
企划部	文案策划	负责电商平台产品文案的撰写，包括活动页面、直钻推广图、主图以及品牌宣传文案，商品详情页的文案策划、视觉设计、视频脚本策划，促销活动以及日常店铺促销内容策划。根据不同产品精准提炼产品卖点，挖掘亮点，以提高产品转化率，促进销售

续表

部门	岗位名称	职责分工
企划部	新媒体运营	负责新媒体平台（各平台公众号、微博等）的日常运营及文案撰写，并对输出文案质量进行整体把控。负责新媒体传播受众的扩展、品牌及口碑的传播、营销活动的传播，以及应对平台的客户转化
	美工	负责公司电商店铺整体风格的装修，设计制作宝贝详情页页面、活动页面、大促页面等，制作相应具有吸引力的首图或者广告图，以增强店铺吸引力，增加产品销量

第三章
直播间的搭建

想要做好一场直播，首先要有一个吸引眼球的直播间。

一、直播场地的选择

1.直播场地的分类

以营销为目的的直播场地，一般可以分为室内场地和室外场地，如图2-3-1所示。

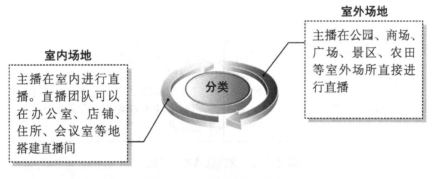

图2-3-1 直播场地的分类

2.直播场的选择方法

直播团队选择直播场地时，有表2-3-1所示的两个常用方法。

表 2-3-1　直播场的选择方法

序号	方法	具体说明
1	根据商品场景选择直播场地	直播团队进行场地筛选时，要优先选择与商品相关的场景，以拉进与用户之间的距离，加深用户观看直播的印象
2	根据现场人数和直播内容确定场地大小	直播团队可以根据直播团队的人数来确定场地大小。一般情况下，室内场地的大小为 8～40 平方米。如果是个人主播，那么可以选择 8～15 平方米的房间作为室内直播场地；如果是直播团队，那么可以选择 20～40 平方米的房间作为室内直播场地。而对于需要邀请很多嘉宾的大型直播活动，如粉丝见面会、新品发布会、年会直播等，直播团队可以选择面积较大的室内会议场所或室外封闭场地作为直播场

3. 场地要求

一般来说，室内直播场地应满足图 2-3-2 所示的两个要求。

光线充足

可以让自然光线透进来，虽然直播间会配有灯光，但是通透的自然光一定是直播间画面美观的加分项

环境安静

要远离建筑工地、学校、广场等这些嘈杂的地方。想象一下直播间出现了建筑工地的打桩声和广场舞的喇叭声将会是什么效果

图 2-3-2　室内直播场地的要求

二、直播间的空间布局

1. 面积

直播间的面积建议在 20～50 平方米左右，这样布置起来得心应手，产品也可以合理摆放。直播间太小，背景装饰得再美也还是会显得拥挤杂乱。直播间太大则显得很空，麦克风说话会有回音，后续装修更费钱。

2. 角度

（1）坐着播。直播角度一般选择靠近墙体背景的位置，建议背景在主播身后50cm左右，这样才能更好地衬托主播和产品。摄像头摆放得高一点，稍微俯拍更能营造出主播的美颜，但摄像头离主播不要太近也不要太远，太近不利于颜值；太远则看不清动作，和买家的距离感也会增加。

（2）站着播。一般服饰试穿等情况需要主播站着展示款式，这时摄像头应摆放得低一点，呈仰拍，可以拉长身高，让身材更好。与主播的距离以主播能显示大半身或全身，在讲解展示时能自如走动且不出画面为佳。

3. 布局

直播间的空间布局是直播团队按照直播画面的需要进行设定的。在普通的室内直播间，一般出现在直播画面中的有背景墙、主播及助理，其他工作人员和与所推荐的商品不相关的物品不会出现在直播画面中。因此，在空间的布局上，可以将直播间分为背景区、主播活动区（包含商品展示区）、硬件摆放区及其他工作人员活动区。其中，硬件摆放区包括提示区、摄像机摆放区、监视器摆放区。背景区和主播活动区需要出现在直播画面中，而其他工作人员活动区不应出现在直播画面中。

三、直播间的背景装饰

主播在进行直播带货的时候，一定不要忽视背景墙的设计，好的直播间背景，往往能提升粉丝的观看体验，而且，直播背景中还可以适当添加一些和直播相关的元素，能让直播效果更上一层楼。

1. 背景布的选择

直播间背景布可以选择广告耗材背景，现在网上有很多背景都是虚拟出来的，比如，你家里本来没有书柜，可利用3D立体技术给背景印上书柜，看起来就像是真的一样。

直播的时候如果需要在背景上展示活动内容，或者直播间的品牌LOGO，我们可以通过定制广告背景布来实现。

除了广告背景，我们还可以选择纯色背景布，其材质一般是涤棉混纺的，如一些婚纱摄影店拍照的背景布，就是这种类型，不透光，不反光，拿来拍照抠图都可以。

如果要考虑吸光的问题，想让整个直播画面更纯净，主播和产品更突出的话，纯色背景布就要选择植绒材质的。其缺点就是容易沾尘灰，需要准备可撕粘尘纸时常打理一下。

以上这些都是背景布的材质选择，当然也可以直接用直播间的墙体作为背景，前提是直播间背景墙以简洁、大方、明亮浅色或纯色为主。

如图2-3-3所示，采用绿幕抠图，通过软件和图片加以修饰，可在前端呈现出不同的展示风格。

图 2-3-3　背景布抠图

小提示

灰色是摄像头最适合的背景色，不会曝光，视觉舒适，有利于突出服装、背景色、妆容或者产品的颜色。尽量不要用白色背景，容易反光。也可以使用虚拟背景图增加直播间的纵深感。

2.装饰点缀

如果直播空间很大，为了避免直播间显得过于空旷，可以适当放一些室内小盆栽、小玩偶之类的，布置不需要过于复杂、奢华，干净整洁即可。或者在墙上挂一幅水彩画或风景画，素净而文雅，看起来充满艺术气息。

如果想让直播间看起来更有活力，也可以在直播背景中放置一些绿植来提升直播间的氛围。比如仙人球，不仅有清新空气的作用，对视觉也有好处。

如果是节假日，可以适当地布置一些跟节日气息相关的东西，或者配上节日的妆容和服饰，以此来吸引观众的目光，提升直播间人气。比如，开学季、旅游季、吃货趴、七夕专场等类型的直播。

总之，不要忽视一些点缀，多在细节上下功夫，往往会起到事半功倍的效果，如图2-3-4所示。

3.陈列货架

直播间背景除了使用背景布之外，也可以陈列产品，如图2-3-5所示。

图 2-3-4　直播间装饰点缀

图 2-3-5　直播间陈列

服饰类的直播间背景可以摆放模特，但最好不要超过2个，因为直播空间本来就不大，陈列模特太多容易喧宾夺主，而且还会占据主播展示空间。

不同于可陈列模特的服装类直播，美妆类直播间背景最好放置展示柜，能体现出层次感，方便放置也方便直播产品推荐，同时，还能增加直播间的专业度，让用户产生更多的信任。

4. 地面布置

直播间地面的布置最容易被忽略，但是它的作用却非常大。直播间地面可以选择浅色系地毯、木地板，这在美妆、服饰、美食、珠宝等展示时都适用。也可以使用一些北欧风、绒布地毯，增加直播间的高级感，提升格调。

四、直播间的光线布置

一个好的直播间除了适当的装饰和合理的规划外，最重要的就是布光，为什么有的主播看上去那么白皙透亮，而有的主播看上去却暗淡无光呢？这些都是布光造成的，暖光会给人一种温暖舒适的感觉，而冷光会给人一种没有感情、清冷的感觉。

1. 直播间光源的分类

直播间光源的分类见表2-3-2与图2-3-6。

表 2-3-2　直播间光源的分类

序号	分类	作用
1	主光	是映射外貌和形态的主要光线，起主要照明的作用，可以使主播脸部受光匀称，也是灯光美颜的第一步
2	顶光	顶光是次于主光的光源，从头顶位置照射，给背景和地面增加照明，同时加强瘦脸效果
3	辅助光	辅助主光的灯光，可增加整体立体感，起到突出侧面轮廓的作用

续表

序号	分类	作用
4	轮廓光	又称逆光，放置在主播的身后位置，勾勒出主播轮廓，可以起到突出主体的作用
5	背景光	又称环境光，主要用作背景照明，使直播间的各点照度尽可能统一，起到让室内光线均匀的作用，但需要注意的是，背景光的设置要尽可能的简单，切忌喧宾夺主

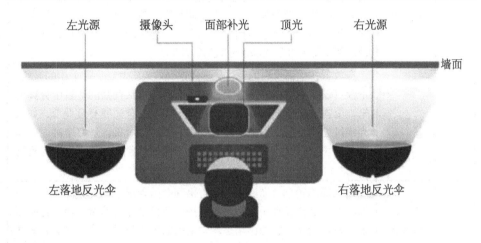

图 2-3-6　灯光布置示意图

2. 直播间光源的布置

不同角度和不同组合搭配的灯光会创造出不同的光影效果，如表2-3-3所示。

表2-3-3　直播间光源的布置

序号	分类	布置说明
1	主光	应放置在主播的正面，与视频摄像头上的镜头光轴形成 0 ～ 15 度夹角，从这个方向照射的光充足均匀，使主播的脸部柔和，可起到磨皮美白的作用。但是主光的缺点是从正面照射时没有阴影，使整个画面看上去十分平面，欠缺层次感

续表

序号	分类	布置说明
2	顶光	从主播上方照下来的光线，会产生浓重的投影感，有利于轮廓的塑造，起到瘦脸的作用。需要注意的是顶光离主播位置最好不要超过两米。顶光的优点很多，但缺点是容易在眼睛和鼻子下方形成阴影
3	辅助光	从主播左右两侧呈90度照射，左前方45度照射的辅助光可以使面部轮廓产生阴影，打造立体质感。右后方45度照射的辅助光可以使后面一侧的轮廓被打亮，与前侧光产生强烈反差，更利于打造主播整体造型的立体感和质感。但要注意光比的调节，避免光线太亮使面部出现过度曝光和部分太暗的情况
4	轮廓光	应放置在主播身后的位置，形成逆光效果。从背后照射出的光线，不仅可以使主播的轮廓分明，还可以将主播从直播间背景中分离出来，更加突出主体。作为轮廓光，一定要注意光线亮度调节，如果光线过亮，会直接造成主播身后佛光普照的后果，使整个画面主体部分过黑，同时摄像头入光会产生耀光的现象，使用不当容易起反作用
5	背景光	将主播的轮廓打造完毕后，直播间会呈现出主播完美的肌肤，但细心的观众会发现用心装修的直播间背景会显得非常黯淡。这时需要安置背景光，它的作用是均匀室内的光线效果，使主播美肤的同时保留直播间的完美背景。但需要注意，背景光是均匀灯光效果的，因此灯光应采取低光亮、多光源的方法布置

小提示

以上的灯光是直播间必不可少的部分，每个灯光都有各自的优缺点，配合使用可以互相弥补。调光的过程非常漫长，需要耐心调试，才能找到适合自己的灯光效果。

3. 常见的布光方法

下面介绍几种常见的布光方法，如表2-3-4、图2-3-7所示。

表 2-3-4　常见的布光方法

序号	方法	具体说明
1	立体轮廓法	对于想要增加轮廓立体度的主播，可以采用斜上光源的方式布光。斜上光是从主播头顶左右两侧 45 度的斜上方打下的光线，在调试灯光的过程中，主播可以看到自己眼睛下方出现一块明亮的三角形光斑，这种布光方法就是非常有名的伦勃朗布光法。此方法可以突出鼻子的立体感，强化主播的脸部骨骼结构
2	蝴蝶光瘦脸法	不少主播都希望自己能有娇小的脸庞，这时可以使用顶光布光法。在主播的头顶偏前的位置布置光源，这种布光方法会让主播的颧骨、嘴角和鼻子等部位的阴影拉长，从而拉长脸部轮廓，达到瘦脸的效果。但此方法不适用于脸型较长的主播
3	顺光照明法	顺光照明可以用两盏灯也可以用一盏灯完成：两盏灯，一般用加了柔光纸的两盏功率相同的灯，从靠近摄像头左右两侧的位置以相同的距离、略高于摄像头的高度，将光线投向视频主播，且两个灯不能太高，以免在脖子及鼻子下方产生太深的阴影；一盏灯，则应略高于摄像头，从它的后方投向视频主播，如果面部两侧阴影太深，可以用反光板将它冲淡。顺光照明适合拍摄脸型匀称、年轻的主播
4	侧光照明法	主光从与摄像头镜头大约成 90 度左右的方向投射，会出现阴影面积较大的现象，所以需要用侧光照明的方法进行辅助；如果主播脸型比较胖，左右两侧脸围不对称，可用侧光照明将较胖的一面加以遮掩，使主播外貌表现得更完美

图 2-3-7　服装直播间灯光布置

××直播间灯光布置分析

1. 长方形柔光灯

作用：打亮主角左面的装饰物、帘子、背景墙等。是人物摄影中常见的一种器材。

2. 球形柔光灯

作用：打亮主角正面，以及整个空间。为什么使用球形灯？因为球形灯光线可以360度照射到整个空间中。

3. 环形补光灯

　　补光灯 1 的作用：打亮主角左边脸部。通常主角哪边脸部比较上镜，主光灯就往哪边打。

　　补光灯 2 的作用：打亮主角右边脸部。可以看出这个灯离主角相对远一些，也叫做辅助补光，与左边有一个明亮度的对比，能凸显出人物的立体感。这个距离需要进行调试，才能达到最佳的效果。

4. 环形补光灯

　　作用：消除主角的眼袋、鼻影。所以放置位置需要比主角脸部稍微低一些，甚至可以更低，这样会更有效。另外，在直播场景中，这个灯也可以用作展示产品的灯光。

5. 镜子化妆灯

作用：既可以是镜子，也可以是灯，在镜子外圈，是一个环形发光灯。直播场景中，也用作展示产品的辅助灯。另外，镜子也是一个反光片，当空间光线充足时，也可以不开灯。

6. 空间辅助灯

作用：打亮整个空间环境。可以考虑使用聚光灯，或者球形灯。

7. 后背景灯

作用：打亮主角的后背面和背景。通过主角衣服上的字母亮度，可知其后背景有数个背景灯，注意：灯安装于天花板靠墙的位置。

五、直播设备的配备

好的直播设备是确保直播画面清晰、直播内容稳定生成的前提，在直播筹备阶段，直播团队需要对手机、摄像头等设备，以及直播平台、直播软件进行反复调试，以达到最优状态。

1. 硬件的配置

目前，直播的主流设备是手机。直播团队只需要在手机上安装直播软件，通过手机摄像头即可进行直播。使用手机进行直播，需要准备至少两台手机，并且在两台手机上同时登录直播账号，以备不时之需。不过，受手机电池电量、网络信号等因素制约，直播团队使用手机进行直播时，还需要借助电源、无线网络、支架、补光灯、收音设备、提词器、相机等辅助设备进行优化，如图2-3-8所示。

图 2-3-8　直播设备

2. 软件的调试

直播团队还需要对直播平台、直播 APP 等进行初步设置及反复测试，以免因操作不熟练或软件自身问题在直播现场出现失误。

（1）直播平台设置。未经设置的直播间，用户进入后可能无法直观地了解直播内容，很容易造成用户流失。为了提升用户的留存率、减少现场跳出率，在选择直播间类别后，直播团队需要对直播间封面、直播第一幕画面进行设置，以满足直播需求，如表 2-3-5 所示。

表 2-3-5　直播平台设置

序号	组成	具体说明
1	直播封面信息设计	直播封面是用户进入直播间之前了解直播内容的窗口，好的直播封面可以提升直播间关注度。直播封面中的信息包括直播主题、直播时间、直播商品名、主播等，直播团队可以根据直播平台规则及活动需求进行设置，以达到让用户准确抓住直播核心信息的目的
2	直播第一幕画面	直播团队应保持直播封面与直播第一幕画面的相关性，防止用户看到直播封面进入直播间后发现内容与直播封面不相关而产生心理落差。直播第一幕画面尤为重要，在直播前几分钟不要显示与内容无关或不和谐的杂乱画面

（2）直播APP的测试。在直播开始之前，直播团队需要对直播APP进行反复测试，确保熟练操作，不发生操作失误。

直播APP的测试内容主要由表2-3-6所示的两部分组成。

表2-3-6　直播APP的测试内容

序号	内容	具体说明
1	主播视角	主播视角的测试包括许多操作，如直播间介绍、封面设置、直播预告、录制权限设置、直播间送礼等付费功能的开启或关闭、直播可见范围设置、语音评论权限设置、敏感词设置、管理员设置、红包发放权限设置、观众匿名设置等，这些功能都需要主播在开播前按要求设置完成
2	用户视角	主播需要以用户身份注册直播账号，进入直播间观看，从普通用户的角度观察直播界面，如果发现问题，需要及时优化。用户视角的测试比较简单，主播进入直播间后可以查看直播画面、声音、弹幕等情况，确定都没有问题后，即可完成测试

第四章 主播人设策划

人设，就是主播的人物设定。合理的人设定位，可以通过更加明确清晰的直播短视频内容，在不动声色中展现产品各方面的特性，吸引粉丝关注，形成忠实粉丝，减少流量获取成本。粉丝会因为喜欢你这个人，对你产生信任，从而购买你的产品。

一、依据用户群选择人设角色

根据“与用户的关系”，主播的人设角色可以分为图2-4-1所示的四种。

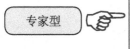

专家型
即在某一学科、行业或某项技艺上有较高造诣的专业人士。其已经拥有某个领域或多个领域的知识体系，能够有效解决相关领域内的各种问题。也能够通过写作、演讲等方式持续输出行业内的专业知识
知己型
女性用户群的“女闺蜜”，男性用户群的“好兄弟”，都是知己型人设
榜样型
是指在某个或某些方面能力突出的人，堪称榜样，也称作“达人”
偶像型
是指拥有比较突出的外在形象和才艺特长，拥有偶像型人设的主播更适合推广跟潮流相关的品类，如美妆、服饰、影音、运动、旅行商品或服务等

图 2-4-1　主播的人设角色分类

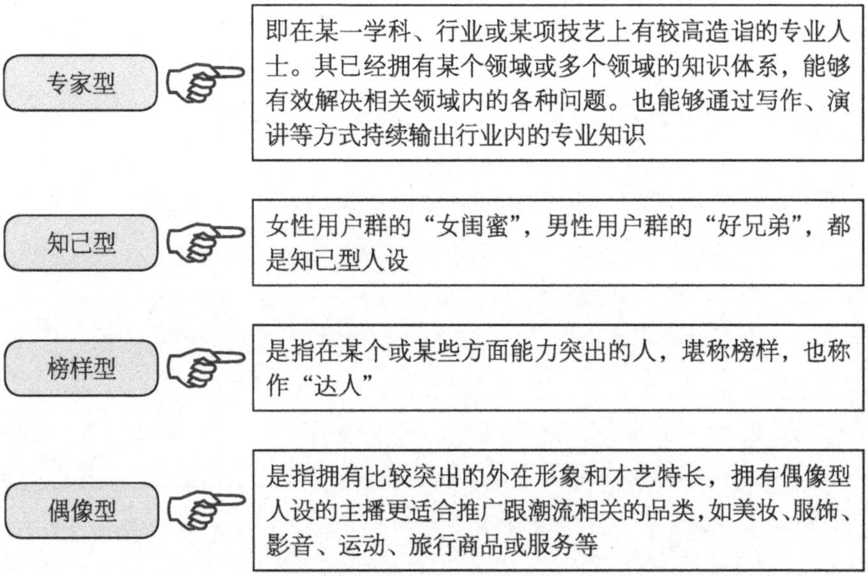

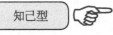

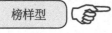

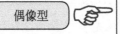

直播团队策划主播的人设时，可以根据直播间主要销售商品的品类或直播间主要用户群的消费偏好，选择合适的人设；也可以根据主播个人的特点，如年龄、形象风格、语言风格等，为其策划合适的角色。除此以外，直播团队还可以根据主播对一些生活问题的看法来丰富主播的人设形象。

　　如果主播是在短视频账号积累了一批粉丝后才开通直播的，而且，主播就是短视频的出镜人员，那么，直播中的主播人设就需要与短视频内出镜人员的形象保持一致。如果直播过程中主播的风格与短视频中的形象有很大、很明显的差别，那么，依靠短视频积累的粉丝可能会感到失望，不愿意去观看关联的直播，直播的营销效果也就无从谈起了。

相关链接

具有带货能力的主播人设类型

1.导购促销类：提供专业消费意见

　　直播卖货归根到底是一种交易行为，也许会有一时冲动的消费，也会有一部分吃瓜群众，但最后还是要回归到交易的本质：交付商品。

　　导购促销类人设的核心就是要击中用户的真实需求，快速、准确甚至超预期地匹配用户需求。比如，有着多年化妆品线下柜台销售经验的主播，在用户提出购买化妆品的需求后，可以快速从价格、品牌、肤质等多个角度给用户提供专业的消费推荐。

　　这种人设最大的价值在于帮助用户缩短消费决策时间，取得用户信任后，可以让用户"无脑"地跟随主播的推荐，从而形成强大的带货力。

　　以某模特直播间为例，在日常直播中，主播们会轮流上阵，介绍衣服的颜色、款式、适用身材以及一些小设计，给用户一些相对专业的消费建议。

　　要想打造导购促销类人设，主播必须对产品卖点和用户需求非常了解。一方面能从价格、品牌、竞品等多个角度说明产品特点；另一方面能从用户的消费场景、心理需求等角度匹配合适的商品。

这种人设的局限在于，主播所推荐的商品必须是极具性价比和专业度的，一旦推荐出错则人设崩塌。

2.技能专家类：靠专业为用户赋能

随着商品种类的极大丰富，部分商品具有强意见领袖驱动的属性，需要美容师、穿搭师、健身达人等专家类角色帮助用户完成消费决策和商品选择。

技能专家类人设的核心就是产品背书和用户赋能，专家身份让产品更可信，专业技能让用户更受益。

比如，售卖蜂蜜等保健食品，营养师主播可以详细介绍产品的营养成分和保健效果；售卖面膜等护肤类商品，美容师主播可以传授用户护肤技巧。

这种人设的最大价值就是能打消用户的消费顾虑。尤其对于高客单价商品、专业类商品、食品类商品，专家角色具有天然的引领性。

以当当网官方旗舰店为例，每次店铺直播都会请到书籍作者或者相关领域专家，在直播中分享一些专业知识，既是对售卖书籍的背书和介绍，又是对用户的赋能，让用户更加了解书籍。

要想打造技能专家类人设，主播本身必须具备硬干货、真实力。商家一方面可以直接聘请具备相关资质证书的行业专家，另一方面可以通过主播持续的专业知识分享来打造专家形象。

这种人设的局限在于，投入成本比较高，不是可以随便打造的。同时专家类主播往往局限于某一领域，很难跨界带货。

3.BOSS店长类：品牌人格化

在这个社交媒体时代，用户越来越倾向于和品牌直接对话，表达自己的喜爱和愤怒。老板企业家是品牌人格化的最好载体。

BOSS店长类人设的核心就是营造一种平等感，让用户可以直接对话老板。比如董明珠、梁建章这样的企业家在直播间"与民同乐"，会让用户有种被尊重的感觉；一些淘宝店铺的店长亲自上阵直播，则营造了一种信任感，不论是产品质量还是活动优惠，用户都可以直接找老板。

这种人设的最大价值就是能提升用户的信任感，让用户感觉有途径直接对话老板，需求和问题都可以得到快速解决。

以董明珠直播卖货为例，在直播中重要的不是董明珠说出了多么专业的产品介绍或者有趣的段子金句，而是她的出现本身——用户会因为老板的出现更加放心。

要想打造 BOSS 店长类人设，主播在直播间必须是非常具有话语权的，用户的问题他可以直接解决，包括免单、降价等优惠福利可以直接给到用户。

这种人设的局限在于，要么老板亲自上阵，要么给主播充分的授权，否则人设很难建立起来。同时亲近感和权威感需要把控好，否则会对品牌本身造成伤害。

4. 网络达人类：与用户产生情感共鸣

对于部分用户来说，消费不仅仅是为了满足物质需求，还有精神需求。消费本身代表了用户对美好生活的期待和向往，买什么东西意味着用户是什么类型的人。

网络达人类人设的核心就是成为用户的理想化身，进而与商品相关联，让商品成为用户理想的载体。比如买一条裙子，除了单纯好看，可能还代表了买裙子的女生是一个时尚、精致的人；比如购买健身产品，意味着消费者可能是一个生活健康、严格自律的人。

这种人设的最大价值就是能和用户产生情感共鸣，增加产品溢价，形成品牌护城河，降低用户对价格、品质以及其他产品属性的敏感度。

要打造网络达人类人设，主播必须既有内容又风趣，既有专业知识又能讲故事、段子，既能对产品如数家珍，又有自己独特的消费主张。

这种人设的局限在于，网络达人的不可控性。一方面没办法标准化复制，主播说不准在哪一方面就跟用户产生了共鸣；另一方面具有强烈个性色彩的主播有极大的流失风险。

二、为人设添加一些独特元素

直播团队还需要为主播设计一些独一无二的属性，即挖掘主播的独特之处。挖掘主播的独特之处，可以通过图2-4-2所示的四个方法来实现。

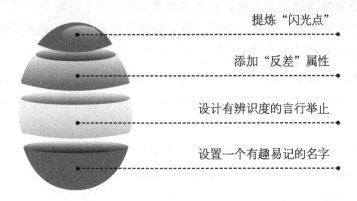

提炼"闪光点"

添加"反差"属性

设计有辨识度的言行举止

设置一个有趣易记的名字

图2-4-2　挖掘主播独特之处的方法

1.提炼"闪光点"

提炼"闪光点"，即挖掘主播个人的核心优势，具体可以从主播的外表、性格、特长等方面入手，也可以从学习历程、工作经验、生活经历、独特技能、个人荣誉等方面寻找主播与其他主播的不同之处。不管从哪个方面入手，关键是要找到一个能够让人记住的"闪光点"。

2.添加"反差"属性

确定"闪光点"后，直播团队就可以依据"闪光点"为主播添加一个"反差"属性。在不违背主流观念的情况下，为主播添加一个与众不同的属性，有助于提高主播"人设"的独特性和易记性。

比如，抖音红人"丽江石榴哥"的最初人设是"在集市卖石榴的朴实小摊贩"，关注他的人在进一步了解后，才知道他是一位"白天教书，晚上摆摊"的"英语老师"，于是心生钦佩。

"朴实的外表"与"丰富的内在"的反差，给人一种"被褐怀玉""大智若愚"的感觉，因而再次成功吸引了用户的注意力，增加了用户的讨论度和关注度。

3. 设计有辨识度的言行举止

确定主播的独特属性后，直播团队就可以根据要表现的独特之处，为主播策划和设计一些有辨识度的行为和语言，以打造其独具个性的人设。

其实，主播并不需要专门设计不符合自己特点的言行举止。每个人都有与众不同之处，或是外表，或是语言，或是某些已经习惯的"缺点"。接纳与别人不一样的部分，从正向的、积极的角度去理解这个"不一样"，这一点"不一样"就是主播身上最有记忆点的个人特征。

4. 设置一个有趣易记的名字

直播团队可以为主播设置一个有趣、易记的名字。设置名字时应遵循图 2-4-3 所示的五个原则。

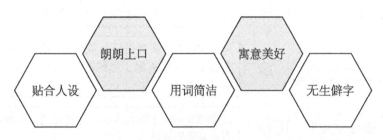

图 2-4-3 设置主播名字的原则

此外，还应注意名字的发音，看看名字有没有谐音，谐音的寓意如何，发音听起来是不是有力量。确定名字之后，不要轻易修改。

三、从不同角度渲染主播人设

人设需要直播团队的精心策划；但人设的建立，则应基于用户评价和网络互动。人设要想打造成功，需要"立得住"。让人设"立得住"，直播团队还应通过图2-4-4所示的几个方式积极渲染主播人设。

图 2-4-4　渲染主播人设的方式

1. 策划一系列故事

策划一套能够表达人设的故事，这样的故事应包括图2-4-5所示的内容。

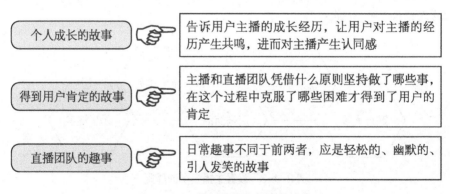

图 2-4-5　策划故事应包含的内容

2. 在直播间讲故事

主播可在直播间讲故事，并加入自己的观点，通过引起用户的情感共鸣，渲染自己在生活态度方面的人设。所讲的故事可以是图2-4-6所示的类型。

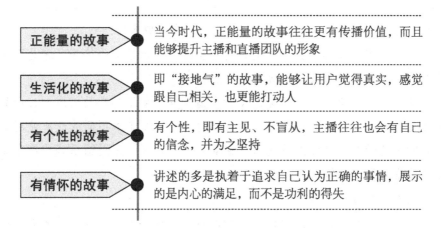

图 2-4-6 在直播间讲故事的类型

3.打造自媒体的传播矩阵

对主播人设的宣传，直播团队不应局限在直播间，还可以利用与直播间相关联的微信公众号、微博、抖音、快手、社群等对主播进行人设的包装和造势。要想大幅度提高直播间人气，就需要为主播在各个平台打造一个系统化的传播矩阵，定期频繁地输出符合主播人设的内容，增加主播的全网曝光度，为主播的直播间积累流量。

相关链接

优秀的带货主播应具备的能力

1.对产品充分了解

直播模式下与消费心理直接挂钩的不是主播，而是产品。对于主播们来讲，其基本职能是向消费者展示产品，"种草"产品。

对比流量明星的直播间，其他直播间最大的不同在于粉丝更多的是从产品出发，而非主播本人。知名的带货出身的主播，也是通过货物的价格、质量、优惠等积累起人气才拥有了当前的"名人效应"。

因此，充分了解产品的性能、衍生功效、市场标准价格等，才是引导用户产生购买行为的核心驱动力。

以化妆品为例，一个优秀的带货主播不仅仅要了解产品的成分、产品的性能功效、与市场上同款产品的价格对比，还要了解不同的肤质使用这款化妆品有哪些不同的上妆效果，在夏天和冬天应该分别辅以哪些产品才能让使用效果更好等。

2. 有互动能力

除了了解产品外，主播想要长期发展，还需要不断提升自己的吸粉能力。在直播过程中，主播要学会跟观众做朋友，要及时互动，提高观众的黏性。

提升互动能力，需要主播有着不错的口语表达能力、肢体表现能力以及特殊情况的应变能力，能随时调节现场的气氛，和观众互动。

提高直播间的互动氛围有几个小技巧：

（1）但凡进入直播间的用户，一定要让他们动起来

比如，你要带一款不粘锅的选品，你可以这么说"想要不粘锅的宝宝屏幕上打1"。

（2）主播在和用户互动时，要懂得抓准他们的痛点

比如，某主播有一次卖男性护肤品，鼓励女性对自己的男朋友、老公好一点，但很多女性并不买账。第二天直播换成"假如你不给他们买这种平价商品，他们就会偷偷用你的神仙水、贵妇膏"，结果当天直播的销量比前一天涨了很多。

（3）主播可以针对粉丝设置奖励规则

比如，打赏榜前7名有奖品，点赞超过多少赠送小礼品等，也可以通过设置延时福袋等做法，增加用户的平均停留时间。

3. 有场控能力

作为一个主播，有控场能力非常重要。没有控场能力的主播很容易出

现问题，比如被人带节奏，这对直播是很不利的，特别是在"黑粉"强势带节奏的时候，就需要主播表现出很强的控场能力。另外，直播间的氛围也能表现出主播控场能力的强弱。如果新人主播不多加培养，前期很容易出现冷场。场面控制住了，气氛带起来了，这样留住"游客"和"土豪"的机会才更大。

4. 有自信心

很多主播，尤其是新人主播，在一定程度上是缺乏自信心的，最直接的表现就是对着镜头说话时磕磕巴巴，非常不自然。

新手主播如果想要提高自信，就要对着镜子多练习，面容自信，语气高昂；更要多看看优秀的同行，学学他们的语气和动作。

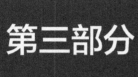

第三部分

直播带货的营销

第一章
直播话术设计

　　直播团队需要提前设计好直播营销话术，以便让进入直播间的用户在短时间内了解到"直播间在销售什么商品""这个商品好在哪里，如何体现"，以及"今天有什么福利，怎么兑现"。

一、话术设计的要点

　　直播营销话术的最终目的是获得用户对主播和主播所推荐商品的信任和认可，让用户意识到自己的消费需求，从而产生购买行为。直播团队设计直播营销话术需要考虑用户的期望、需求、动机等，以能够满足用户心理需求的表达方式来展示直播商品的特点。直播团队设计直播营销话术时，需要考虑图3-1-1所示的几个要点。

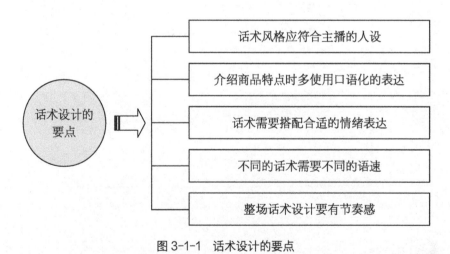

图 3-1-1　话术设计的要点

1. 话术风格应符合主播的人设

主播的人设不同，在直播间的说话风格也应有所差别。

2. 介绍商品特点时多使用口语化的表达

商品的文案风格多是严肃而正式的。在直播间，如果主播直接念品牌方撰写的商品文案，用户可能记不住商品的特点。而主播如果将这些文案用一种更符合日常交流情景的口语来表达，可能更容易让用户了解商品。

3. 话术需要搭配合适的情绪表达

直播就像一场电视节目，主播就如表演节目的演员，演绎到位才能吸引用户。演绎到位意味着，主播不仅仅要说好"台词"，还需要为"台词"配上能打动人的面部表情和丰富的肢体动作。

4. 不同的话术需要不同的语速

主播在直播间推荐商品时，语速不能太慢，慢语速满足不了用户获取更多信息的需求，也容易让用户对主播产生无精打采、懈怠、拖沓的印象；语速也不宜过快，快语速会让用户听不清内容，来不及思考，影响内容的接收。

5. 整场话术设计要有节奏感

一场直播从氛围的角度，可分为"开端""舒缓""提神""释放"四个阶段，每个阶段的话术所对应的目的也不相同，具体如表3-1-1所示。

表3-1-1 不同阶段话术的目的

阶段	话术目的	话术要点
开端	营造用户对直播间良好的第一印象	用热情的话术欢迎进入直播间的用户，用互动式的话术活跃气氛，用有吸引力的预告话术让用户产生期待感
舒缓	舒缓直播间的气氛，舒缓主播和用户的情绪	主播通过讲笑话、唱歌、聊天等形式，缓解直播间的气氛，缩短主播和用户的心理距离

续表

阶段	话术目的	话术要点
提神	活跃气氛、吸引流量、促成转化	以兴奋的、激动的语气和话语进行抽奖送福利、惊喜价促销、"宠粉"秒杀，或推出让用户兴奋的高品质商品等活动
释放	提升用户满意度，为下期直播积累用户	真诚地向用户表示感谢，提升用户的满意度；介绍下期直播最有吸引力的商品和活动，让用户对下期直播产生期待

二、开场话术

开场是直播的重要环节，是决定用户是否会留下来的关键时间段。即使是简短的开场，也需要调动直播间的气氛，否则主播将无法在后续的直播中取得良好的效果。一个良好的开场是展示主播风格、吸引用户的关键。

1. 暖场欢迎话术

在正式开始直播前，用户陆陆续续进入直播间，主播需要用一些话术来暖场。

比如：

"家人们，晚上好，我们又如约而至了……"

"欢迎××回来，每次上播都能看到你的身影，特别感动，真的。"

"欢迎新进来的宝宝们，主播每天八点到十点都会在这个直播间里，跟大家分享……"

"有钱的捧个钱场，没钱的捧个人场，空闲的捧个留场，喜欢的捧个情场，最重要的，给你们一个笑场！"

2. 自我介绍话术

直播时，通常会有很多新用户进入直播间。因此，主播需要做一个能够展示个性的自我介绍，从而让用户快速记住。

比如：

"大家好，我是一名新主播，今天第 × 天直播，谢谢大家支持。"

"大家好，我是一名新主播，擅长×××，我会给大家多多分享××。初来乍到，如果有什么地方做得不够好，希望大家海涵，感谢大家的支持。"

"我是××，青春靓丽，吹拉弹唱样样强，还有一身正能量！感谢大家前来捧场！"

3. 开场话术

正式开场时，主播可以先向用户透露与用户利益相关的信息，从而留住用户。

比如：

"来来来，啥也不说了，今天我们直播间会给大家一个力度超大的优惠活动，千万别划走！"

"话不多说，我们先来抽波奖！抽中 5 位粉丝，我把手里的 × × 直接送给他！"

"大家好，我是 × × 主播，我已经做 × × 行业 × 年了，不管是什么产品，我都会自己试用过之后再推荐给家人们，家人们可以放心买！"

"欢迎宝宝们进我们的直播间，今天我们直播间会出一款史无前例的巨大优惠的产品哦，一定不要错过了哟！"

4. 引导关注话术

主播及助理需要在直播过程中引导用户关注直播间，从而将直播平台的公域流量转化为自己的私域流量。

比如：

"欢迎来到 × × 直播间，点个关注不迷路，把持不住开守护，事不宜迟赶紧行动，别忘了点关注。"

"欢迎 × × 来到宝宝的直播间，喜欢主播的点个关注哦！"

"感谢 × × 的关注，还没关注主播的抓紧关注哟，我会每天给大家带来不同的惊喜哟！"

三、商品推荐话术

直播营销的核心是推荐商品。而在推荐商品阶段，直播团队也需要事先设计好一定的话术，尽可能地引导用户产生购买行为。

1. 氛围话术

氛围话术，即主播通过一定的话术调动用户的情绪，以便让直播间的购物气氛保持活跃。

比如：

"宝宝们，8点半我们有发红包的活动，9点半我们有个10元秒杀活动哦！"

"感谢××的关注哦，是我的美貌和卖货的技巧，忍不住让你出手的吧，肯定是，不接受任何反驳。"

"大家扣1，让我看到你们的热情，热情越高，我给的秒杀价越低！"

2. 荐品话术

荐品话术，即商品描述话术，主播向用户介绍一款商品的亮点在哪里，和其他竞品相比好在哪里。

比如：

"不会搭配的/皮肤黑的姐妹/偏胖的宝宝们，可以穿下面这套衣服！"

"我自己就在用，已经用了10瓶了，出差也天天带着！真的特别好用！"

"我们的衣服都是没有任何添加剂的，对孩子的皮肤不会产生任何刺激。请放心购买使用。"

"这个口红不适合肤色发黄的朋友。如果你也喜欢这个系列的话，可以选择××色号，这个显白！"

3. 导购话术

导购话术，即主播告诉用户为什么要买这款商品，为什么现在就要下单。

比如：

"我们直播间的产品比免税店还便宜！"

"这次活动的力度真的很大，您可以再加一套的，很划算，错过真的很可惜。"

"宝宝们，大家好，我们是厂家直播……没有中间商赚差价，我们会给到你们难以想象的折扣。"

"这是××山区滞销的农产品，产品特别好，就是没销路，我们想给他们帮帮忙，大家动动手，能支持一个就支持一个，感谢大家！"

4. 催单话术

催单，也是导购的一个环节。关键是主播如何用话术给用户制造紧迫感，促使用户马上做出下单购买的决策。

比如：

"不用想，直接拍，只有我们这里有这样的价格，往后只会越来越贵。"

"今天的优惠数量有限，只有100个，这款衣服这个颜色就只有最后××件了，卖完就没有了。"

"还有最后3分钟，没有买到的宝宝赶紧下单、赶紧下单。时间到了我们就下架了（恢复原价）！"

"宝宝们，我们这次活动的优惠力度是今年最大的了，现在拍能省××钱，直播间还赠送一个价值××元的商品，这个赠品也非常好用。喜欢的宝宝直接拍。"

5. 互动话术

互动话术，即主播引导直播间的用户与自己互动，包括点赞、转发、在评论区留言。

比如：

"感谢××送的100个掌声，还没停吗？150个了，200个了，哇，炫迈牌的掌声完全停不下来！非常感谢。"

"今晚，我邀请了一个神秘嘉宾来到我的直播间，大家猜一猜是谁？"

"换左手这一套衣服的刷1，右手这一套的刷2。"

"刷波520让我感受一下你们的热情。"

6. 提升用户价值感的话术

主播要想让用户觉得在直播间学到了知识或抢到了好物，并且下次还想来，就需要提升用户观看直播及在直播间互动的价值感。

比如：

"宝宝们，你穿这一身出去约会，男朋友见了，肯定挪不开眼。"

"用这个锅煎的鸡蛋，真的是少油又嫩滑，口感非常好，早买早享受。"

"没有比这个款式更百搭了，买到就是赚到！"

四、直播结束的话术

直播的结尾也非常重要。在结束阶段，主播及助理需要感谢用户的点赞、转发和关注，感谢用户给主播送的礼物，还要感谢直播团队的辛苦配合，同时也需要预告一下下一场直播。

比如：

"感谢××位在线粉丝陪我到下播，更感谢从开播一直陪我到下播的粉丝×××、×××（榜单上的一一点名就行），陪伴是最长情的告白，你们的爱意我记在心里了。"

"今天的直播接近尾声了，明天晚上××点～××点继续开播/明天会提早一点播，××点就开了，大家可以点一下关注哦，各位奔走相告吧！/明天休息一天！后天正常开播！"

"我马上就要下播了，希望大家睡个好觉、做个好梦，明天新的一天大家要好好工作，我们下次见。"

"主播还有10分钟就下播了，非常感谢大家的陪伴，今天和大家度过了非常愉快的时光，主播最后给大家抽个奖好不好？大家记得关注我，下次开播就会自动收到提醒信息，我也会想念大家。"

"本次直播就快要结束了，很舍不得宝宝们，感谢宝宝们这 × 小时的陪伴，你们下场直播一定要来哦，主播还有很多压箱底的福利要送给大家。"

相关链接

新人直播话术集锦

1. 开播话术

第一次直播好紧张，不知道聊什么、不知道该怎么面对镜头、不知道怎样获得粉丝的好感。万事开头难，我们常常对没有尝试过的事情感到害怕，但做好准备，就能减少恐慌。

（1）"大家好，我是一名新主播，今天是直播带货的第 ×× 天，感谢大家对我的支持。"

解读：普通人第一次做直播，可能没有太多的优势和经验，那就大大方方表明自己的真诚和坚持。比如，雷军第一次直播，就说自己害怕"翻车"，带了一摞小抄，让粉丝感受到了他的用心。

（2）"欢迎宝宝们进我们的直播间，今天我们直播间会出一款史无前例的巨大优惠的产品哦，一定不要错过了哟！"

解读：开播就把大家的注意力吸引到"货"上，并用巨大优惠先"勾"住粉丝，让粉丝有盼头。

（3）"宝宝们，大家好，我们是厂家直播……没有中间商赚差价，我们会给到你们难以想象的折扣。"

解读：第一次开播自我介绍很重要，如果你是厂家，要直接亮出自己在价格上的巨大优势。

（4）"我是一个 ×× 垂类的主播，我深耕 ×× 行业 ×× 年了，有丰富的资源和专业度，所有的产品我都会自己试用过关后再推荐给大家，请大家放心。"

解读：现在的直播是冰火两重天。如果你是主播，卖的是第三方的货，那一定要先立住人设。告诉粉丝你是值得信赖的，你推荐的产品是靠谱的。

（5）"宝宝们请少安毋躁，马上我们就来一波抽奖，抽中10位粉丝，我把手里的××直接送给他！"

解读：刚刚开播，人气还没上来，可以先通过抽奖游戏等，把直播间的气氛炒起来。比如某直播开头都是那句"话不多说，我们先来抽波奖。"

（6）"这是××山区滞销的农产品，产品特别好，就是没销路，我们想给他们帮帮忙，大家动动手，能支持一个就支持一个，感谢大家！"

解读：如果有故事可以包装，那就在直播开场快速清晰地讲出来，给大家留下印象。

2. 留人话术

直播间是因为有了人，才有了舞台/场，才能带货，才有转化。人是一切的源头，所以要千方百计把直播间粉丝留下。很多人是第一次到你的直播间，一定要引导他们去关注你。

（1）"欢迎×××（ID名）来到直播间！"

解读：想留住新粉，就要在他刚进来时第一时间念出他的名字，比如"欢迎×××来到直播间"而不是"欢迎宝宝来到我的直播间"。

当粉丝被cue到时，会觉得这个直播间和他有关，想走时就不太好意思。

（2）"宝宝们，8点半我们有发红包的活动，9点半我们有个10元秒杀活动哦！"

解读：在直播时公布一下直播关键时间节点，让粉丝知道你在每个点要做什么事情，即使有事走开，也会有个点吸引他回来继续观看。

（3）"不会搭配的/皮肤黑的姐妹/偏胖的宝宝们，可以穿下面这套衣服！"

解读：直击粉丝痛点，吸引其留在直播间，如果你刚好属于其中一类，一定想知道怎样的搭配适合你，从而留下来。

（4）"非常感谢所有还停留在我直播间的粉丝们，我每天的直播时间是××点～××点，风雨不改，没点关注的记得点关注，点了关注的记得每天准时来哦。"

解读：在直播过程中，要穿插播报你的直播时间。一是告诉粉丝你是专业主播，不是三天打鱼两天晒网；二是培养粉丝固定时间看你直播的习惯，尽可能地把粉丝留住。

（5）"感谢××的关注哦，是我的美貌和卖货的技巧，忍不住让你出手的吧，肯定是，不接受任何反驳。"

解读：用有趣的灵魂把粉丝留住。

3. 互动话术

直播最大的魅力就在于互动。主播如果只沉迷于讲解产品本身，没有和粉丝互动、解答问题，带货结果肯定也好不到哪去。

（1）"大家扣1，让我看到你们的热情，热情越高我给的秒杀价越低！"

解读：这种类型的话术就是要观众灌水发言，让新进来的游客看到直播间很活跃，很好奇为什么那么多人刷666，主播到底表演了什么？这就是带节奏。

（2）"想看××号的刷1，想看××号的刷2。""换左手这一套衣服的刷1，右手这一套的刷2。"

解读：这种类型的话术就是给观众抛一个选择题，答案ABCD都可以。发言成本很低，能够迅速让观众参与到直播互动里。

（3）粉丝问："有什么优惠吗？有秒杀吗？那个××（产品名）多少钱？有优惠券吗？优惠券怎么领？"

主播答："提问优惠券的那位小姐姐（最好直接说ID名），××有优惠券×元，×点可以有秒杀。"

解读：反复说明具体优惠力度及使用方法，确保观众能够在你的指引下，正确使用优惠并下单。

（4）"××粉丝在不在？"

解读：在播明星代言的某个产品时，可以用明星效应为产品造势。

（5）"感谢××送的100个掌声，还没停吗？150个了，200个了，哇，炫迈牌的掌声完全停不下来！非常感谢。"

解读：虽然直播带货的重点是卖货，直播打赏也不容忽视，当粉丝给主播打赏豪华礼物时，主播一定要及时播报，口头感谢××或比心等表达感谢。

4. 成交话术

成交环节，最重要的就是信任。而有些人设还不够强的主播，则需要在产品背书上多下些功夫，以取得粉丝宝贵的信任。

（1）"这款产品之前我们在××已经卖了10万套！"

解读：用销量数据、复购率、好评率、顾客评分等，来证明产品是靠谱的，告诉粉丝这个产品是爆款，已经过市场验证了。打消了疑虑，粉丝才愿意去深入了解。

（2）"我自己就在用，已经用了10瓶了，出差也天天带着！真的特别好用！"

解读：在直播间展示主播自己的淘宝购买订单，证明某款产品是"自用款"，用"自用款"为产品担保。

（3）"天猫旗舰店的价格是79.9元一瓶（旗舰店价格——价格锚点），我们今天晚上，买2瓶直接减80，相当于第1瓶79元，第2瓶不要钱（直播低价），再给你多减2块，我再送你们雪花喷雾，这1瓶也要卖79块9毛钱（超值福利，买到就是赚到）。"

解读：一层又一层优惠给到你，会让直播间粉丝觉得"再不买，我就太傻了！"不知不觉就下单了。

主播在直播间砍价，营造为粉丝多争取福利而与老板吵架的氛围，这样粉丝会觉得主播真的是在为自己着想，自己也得到了优惠，有利于达成更多成交。

（4）"真的是最后2件了，喜欢的宝宝抓紧拍，因为这个系列的产品以后不做了。"

解读：制造产品的稀缺感。有些产品因为技术繁杂、成本高等原因，商家不会再接着生产了，相当于绝版，直播时主播就可以把这点说出来。喜欢但还在犹豫的粉丝就会果断出手。

（5）"我们直播间的产品比免税店还便宜！"

解读：以免税店的价格作为对标，突出直播间的优惠力度。众所周知免税店的东西是最便宜的，这也是代购产生的原因。而找代购要给代购费，找朋友要欠人情，可你在直播间，看中了直接买就好了，还能享受比免税店更低的价格，这点非常戳中粉丝。

5.催单话术

很多观众在下单时可能会犹豫不决，这个时候我们就需要用催单话术，来刺激用户下单的欲望了。

（1）"不用想，直接拍，只有我们这里有这样的价格，往后只会越来越贵"。

解读：看直播看到这个阶段的粉丝，有很多已经心动了，但还在犹豫，这个时候就需要主播发出行动指令，让他们产生紧迫感，快速下单。

（2）"今天的优惠数量有限，只有100个，这款衣服这个颜色就只有最后××件了，卖完就没有了！"

解读：限量，制造稀缺感，告诉粉丝错过就没有了。

（3）"还有最后三分钟，没有买到的宝宝赶紧下单、赶紧下单。时间到了我们就下架了（恢复原价）！"

解读：限时，到点涨价，告诉粉丝，只有这3分钟是这个价格，时间到了就恢复原价。制造一种紧迫感，让粉丝马上下单。

（4）"今天只限在我的直播间有这个价格，站外都没有这个价格。"

解读：限地，低价是直播对粉丝最大的吸引力，主播强调全网最低价，也是想让粉丝赶紧下单。

（5）"这次活动的力度真的很大，您可以再加一套的，很划算，错过真的很可惜。"

解读：催单不仅仅是催促下单，还可以引导加购。反复强调产品优势和优惠力度，告诉粉丝真的很划算，再加购一套更赚。

（6）"宝宝们，我们这次活动的优惠力度是今年最大的了，现在拍能省××钱，直播间还赠送一个价值××元的商品，这个赠品也非常好用。喜欢的宝宝直接拍。"

解读：在临门一脚的时候，加赠小礼物，让顾客感觉买到就是赚到，没理由不买。

6. 下播话术

每一个陪你到下播的人都是真爱，每一场直播都要有始有终。临近下播的时候，也不能匆匆走开，而是要好好准备一套话术，认认真真给粉丝道谢，道晚安。

（1）"感谢××位在线粉丝陪我到下播，更感谢从开播一直陪我到下播的粉丝×××、×××（榜单上的一一点名就行），陪伴是最长情的告白，你们的爱意我记在心里了。"

解读：对粉丝的陪伴表达感谢。

（2）"今天的直播接近尾声了，明天晚上××点～××点继续开播／明天会提早一点播，××点就开了，大家可以点一下关注哦，各位奔走相告吧！／明天休息一天！后天正常开播！"

解读：目的是进行直播预告。

（3）"我马上就要下播了，希望大家睡个好觉，做个好梦，明天新的一天大家要好好工作，我们下次见。"

解读：给粉丝送去最后的祝福。

（4）"主播还有10分钟就下播了，非常感谢大家的陪伴，今天和大家度过了非常愉快的时光，主播最后给大家抽个奖好不好？大家记得关注我，下次开播就会自动收到提醒信息，我也会想念大家。"

解读：下播前再给粉丝来一波抽奖福利，增加关注度。

（5）"今天直播间一共进来了×××人，榜单有多少人在帮忙邀请，第一名邀约了××人，比预计的少了一点，我要更努力一点才行。"

解读：目的是总结。

（6）"轻轻地我走了，正如我轻轻地来，感谢各位的厚爱！其实不想跟大家说再见，不过因为时间关系，这次直播马上要结束了，最后给大家唱/放一首好听的歌曲，让我们结束今天的直播。"

解读：表达对粉丝的不舍之情，温情结束直播。

第二章
直播氛围管理

直播时，主播不能只是按照准备好的话术自顾自地介绍商品，还需要根据直播间的实际情况，引导用户热情地互动，以提升直播间的氛围。热烈的氛围可以感染用户，吸引更多的用户进入直播间观看直播，吸引更多的用户在直播间参与互动，甚至产生购买行为。

一、派发红包

主播在直播间派发红包，可以让用户看到具体的、实实在在的利益，是聚集人气、激发互动气氛的有效方式。

1. 派发红包的要点

（1）约定时间。约定时间，即在正式派发红包之前，主播要告诉用户，自己将在5分钟或10分钟后准时派发红包。这样的预告，一方面可以活跃直播间的气氛，另一方面可以快速提高直播间的流量。

（2）在直播间发红包。到约定时间后，主播就要在直播间发红包。主播可以与助理一起，为派发红包开启一个"倒计时"，以增强活动的气氛，同时，也可以让用户产生领取红包的紧张感。

2. 派发红包的策略

直播间的在线人数不同，主播派发红包的方式也有所不同。在此分别以在线人数不足50人的新直播间和在线人数超过200人的成熟直播间为例，介绍派发红包的不同技巧。

（1）在线人数不足50人的新直播间。新直播间前期粉丝数量很少，主播使用在粉丝群派发红包的方式，可以提升直播间的人气，化解直播间在线人数太少、无人互动的尴尬局面。

（2）在线人数超过200人的成熟直播间。一般情况下，当直播间在线人数超过200人时，主播就不需要在粉丝群发红包了。此时直播间已经拥有一定的人气基础，主播直接在直播间派发红包，效果可能会更好，如图3-2-1所示。

图 3-2-1　直播活动截图

相关链接

红包的类型

1. 预热型红包

直播刚开始时，可利用红包进行预热，间断发放小额红包能为直播间积累基础人气，吸引更多人进入直播间观看直播。

2. 增加人气红包

人气积累到一定程度后，可持续发 5 ～ 8 分钟小额红包，避免已有在线人员退出。若抢红包的重复率太高，记得拉长"战线"，延长发红包时间，让更多新进入直播间的人可以抢到红包。

3.蓄力爆发红包

商家觉得人气蓄力已达到目标，便开始发放大额红包，这个时段可利用开播推广工具和流量卡加以配合，爆发红包发完，可以稳定直播间流量结构。

刚开启直播间时，商家能够看到观看直播的人数较少，发放多个小额红包，先引流，后续人数提高再发放更多大额红包。当在线人数平稳时，可增加红包数量，让更多观众可以抢到红包，以便固定在线人数。若是直播间人数有所下降，应立马补发红包拉人。

二、送福利

送福利也是主播在直播间常用的互动技巧。送福利的首要目标是让用户在直播间停留，激起直播间的互动氛围；其次才是吸引用户关注直播间并产生购买行为。

1.送福利的原则

为了实现送福利的目标，送福利的设计要遵循图3-2-2所示的两个原则。

原则一　作为福利的奖品应该选主播推荐过的商品，可以是新品，可以是前期的爆品，这样，对用户才有吸引力

原则二　整个送福利过程要分散进行，主播不能集中送完福利。主播可以设置多个福利奖项，每到达一个直播节点，如进入直播间的人数、点赞人数或弹幕数达到多少，就送出一个福利奖项。这样，主播就可以多次利用送福利来不断地激发用户的参与兴趣，从而尽可能地保证整场直播的活跃度

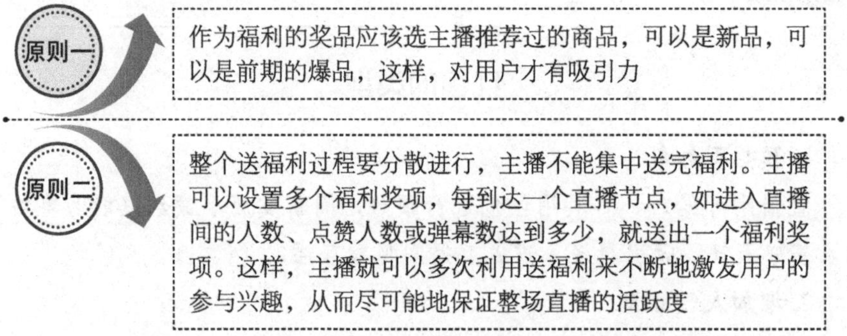

图3-2-2　送福利的原则

2. 送福利的方式

基于上述两个原则，主播可以在直播间按图3-2-3所示的三种方式"送福利"。

连续签到送福利 连续签到送福利，即主播按照签到天数抽奖。每天定时开播的主播，可以在直播间告知用户：只要用户连续七天都到直播间评论"签到"，并将七天的评论截图发给主播，当助理对评论截图核对无误以后，即可赠送用户一份奖品

回答问题送福利 回答问题送福利，即主播可以根据商品详情页的内容提出一个问题，让用户到商品详情页中找答案，然后在评论区评论。主播和助理从回答正确的用户中抽奖，被抽中的用户，可以得到主播送出的一份奖品

点赞送福利 点赞送福利，是指主播给用户持续停留的激励，可以让黏性高、闲暇时间多的用户长时间停留在直播间，而黏性一般的用户也会因为送福利活动而不断地进入直播间，并在直播间点赞。这样就会提高直播间的用户回访量，从而增加直播间的观看人数

图 3-2-3　送福利的方式

三、连麦互动

粉丝和主播的连麦互动，不仅有助于提升直播间热度、调动直播间氛围、提高粉丝的积极性，还会帮助主播塑造权威和专业度，增加直播间粉丝的活跃性。

另外两个人连麦以后，还可以表演剧本，以促进产品销售。

四、向粉丝提问或请教

人外有人、天外有天，有能力、有知识的人很多，直播间里我们可以积极

向粉丝提问或者请教。如果遇到了一个答不上来的问题，我们可以在直播间向粉丝请教，让粉丝帮忙回答，回答后可以适当回报一点奖励，这样可以提升粉丝的参与度。

其次，可以像拉家常一样和粉丝互动，例如，大家平时都看什么电影？有没有好电影推荐？小伙伴们想要这个赠品吗？想要的扣1等，让更多的人参与到你的直播互动中来。

五、积极回答观众问题

直播过程中，经常有很多观众对主播提出多方面问题，比如，主播的穿搭有什么技巧？主播的妆容是怎么化的？产品适用于哪些人？具体什么身高什么体重的人合适？什么肤质的人可以用？等等。还会有人重复地问同样的问题，这个时候我们一定要有耐心，要及时回答。不要看不起观众的问题，而不耐心回答，会导致脱粉。

小提示

对于一些不当言论，例如骚扰类问题，可以选择性不理、不回答，要在直播间进行正确的价值观和言论引导。

第三章
直播商品介绍

直播间的商品介绍，是直播营销变现的重要手段。商品介绍，并不是主播简单地介绍商品是什么，而是需要根据用户的心理需求，使用一定的话术，打动用户，促成交易。

一、商品介绍的法则

在讲解商品时，很多新人主播都会出现没有条理性地介绍商品卖点的问题。试想一下，你作为观众是想听"无脑胡吹"还是一个"具有吸力的故事"？这里给大家介绍一种"万能销售介绍法则"——FABE法则。

FABE法则是非常典型的利益推销法，而且是非常具体、具有高度、操作性很强的利益推销法。它通过图3-3-1所示的四个关键环节，极为巧妙地处理好顾客关心的问题，从而顺利地实现产品的价值导入。主播按照这样的顺序来介绍商品，并对说话内容进行排序，可以让用户信任主播介绍的商品而达成

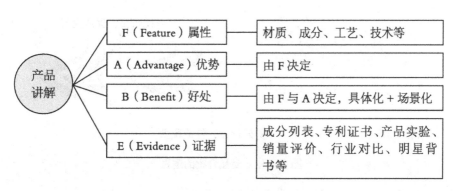

图 3-3-1　FABE 法则

交易。

在FABE法则中，商品的"属性"和"作用"往往是固定的，而"益处"则因人而异。

比如，××直播间主播使用FABE法则介绍一款榨汁机：

"今天给大家带来的×品牌破壁机，具有4大技术声源降噪、3步完成自动清洁、8大菜单及0.3-1L的自由选择容量等特点。"（F：从榨汁机的技术特点开始引入，让观众在第一时间对商品留下标签印象）

"这款产品的优点是，超级静音、解放双手自动清洁、满足家庭的多种料理需求。"（A：产品的特征所产生的优点，通过技术特点去引出商品卖点）

"就拿我举例子，记得以前的老式豆浆机声音异常大，所以每天早上叫醒我的不是闹钟，而是家里的豆浆机。如果今天直播间的粉丝有早上喝豆浆的习惯，又嫌外面买的不健康，想要自己做的，你们可以看看这款破壁机。"（B：从具体的场景凸显商品特点）

"接下来，我给大家现场演示，做一杯新鲜的豆浆。"（E：在直播间内通过举证的方式，去证明之前阐述的商品特点及优势）

二、商品介绍的步骤

在直播间，主播需要依据用户的心理需求有逻辑地进行商品介绍。在实际操作中，可以参考图3-3-2所示的几个步骤。

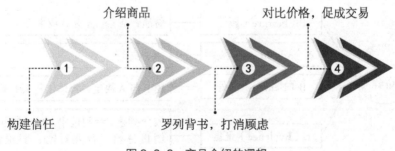

图 3-3-2　商品介绍的逻辑

1. 构建信任

信任是人和人之间建立良好互动关系、进行商业合作的基础。在直播间销售产品时，主播首先需要构建用户对自己的信任。构建信任的方法有很多，在此主要介绍表 3-3-1 所示的两种。

表 3-3-1　构建信任的方法

序号	方法	具体说明
1	展示与用户的相似性	人们总是更容易信任与自己相似的人。这个"相似"，包括相似的习惯、相似的兴趣、相似的经历、相似的认知等。因此，在直播间，很多主播会展示自己跟用户之间的相似性
2	引导用户理性思考	直播间是一个容易促成用户冲动消费的地方。很多在直播间消费的用户，一开始并没有明确的消费需求，而是在主播的引导下突然就"冲动消费"了，收到商品后才发现实际作用不大，要么退货，要么闲置。因此，相对于那些希望用户多多做出冲动消费决策的品牌商和主播来说，能够在直播间提醒用户理性消费和理性思考的主播，将会更容易赢得用户的好感和信任

2. 介绍商品

在拥有一定的信任基础后，主播就可以为用户推荐商品了。推荐商品时，可以使用前面所述的"FABE 法则"，也可以使用"生动描述法"，重要的是告诉用户，这个商品能解决他们什么需求，商品的哪些"配置"或"配料"能解决这些需求，这些"配置"和"配料"是哪些其他商品所没有的。

在此基础上，主播再简单讲述一些商品的辅助卖点（如设计等方面的优势），就可以提升商品的附加价值。

3. 罗列背书，打消顾虑

主播可以罗列各种跟商品有关的背书，以给予用户安全感。在直播间，主播可以参考的商品背书方法有表 3-3-2 所示的几种。

表 3-3-2　商品背书的方法

序号	方法	具体说明
1	名人背书	名人可以是商品的代言人、推荐人，也可以是商品的技术研发团队、品牌的推荐人，还可以是跟商品研发相关的权威组织或其他有公信力的组织机构
2	数据背书	数据主要是指用户使用效果的统计数据。需要说明的是，数据的出处要有依据，最好是由具备公信力的第三方机构（非品牌商）出具
3	用户案例	列举典型的用户使用案例和正面反馈，可以极大增强用户对商品的信任感

4. 对比价格，促成交易

最后一步，是主播通过一些价格对比话术，让用户相信在直播间购买商品是划算的，从而完成在直播间的购买行为。价格对比的方法主要有表3-3-3所示的几种。

表 3-3-3　价格对比的方法

序号	方法	具体说明
1	竞品价格对比	竞品包括直接竞品，也包括解决同类需求的商品
2	价格均摊	价格均摊，即主播把商品的价格按照使用时间均摊到更小的时间单位中
3	价格转化	价格转化，就是主播将商品的价格与其他常见商品的价格进行对比，以增强用户对商品的使用感知度

三、商品介绍的技巧

商品作为架起主播与观众之间的桥梁，在直播中无时无刻不是双方关注的焦点，从引导关注到主播介绍，再到最终下单，构成一个完整的直播销售转化逻辑。而主播在介绍商品时可参考图3-3-3所示的技巧。

图 3-3-3 商品介绍的技巧

1. 介绍产品品牌故事

虽然有些产品是自主品牌，很多买家都没听说过，但是在直播时主播对品牌的由来、经营理念、运作规则、售后保证等的介绍，都能提升产品的实力，而且还能进一步打造品牌形象，提升买家的信任。

2. 从产品的外观到内在进行详解

你对推荐产品的介绍，一定要全面，由外及里地去介绍产品。例如，先介绍产品的包装、规格、成分等，再去介绍产品的设计、触感、用途等，最后介绍产品的使用感受，这样能让粉丝对产品更加了解。

3. 罗列产品的卖点和优势

直播是为了卖货，产品卖点的介绍又怎么能少呢？一开始主播可以先将这个产品的卖点和优势都介绍出来，然后挑选2～3个最突出、最符合买家需求的卖点进行深入描述，也可以根据直播中用户所提的问题进行讲解，这样能让买家对产品有更清晰地了解。

4. 为产品营造一个场景

在直播时为产品营造一个使用场景，并通过生动的语言进行描述，将粉丝带入这一场景当中，既能加深他们对产品的体会，又能提升互动体验。

5. 读出一些产品的优质评价

产品的评价是买家最终决定是否购买的重要因素，如果你在直播时读出一些优质的好评，最好说出用户的名字，能让评价更具真实性。

商品介绍的话术

1. 简单版（适合简推商品 2 ~ 3 分钟）

介绍方式：商品介绍 + 价格对比 + 使用场景

比如：

"这款米糊是由大米磨成粉渣做的，对胃非常好，比白米粥还好，因为它冲泡后是黏稠的糊状，所以更方便消化。而且冲泡起来非常简单，一杯热水加满搅一搅就好了，口感非常绵密，喝起来很舒服，这样一杯 40g。"（商品介绍）

"在店铺的日常价是 9.9 元一杯，今天在我的直播间是 3.9 元一杯，所以你放心去买。"（价格对比）

"这个非常适合上班族，买一箱在办公室囤着，早上来不及吃早餐的时候冲一杯，不会饿坏肚子；另外我胃疼的时候什么都不吃，只喝它。"（使用场景）

2. 详细版（适合主推商品 5 ~ 8 分钟）

介绍方式：店铺名称 + 商品介绍 + 原价 + 现价 + 折扣力度 + 线下价格 + 使用场景 + 抢购方式 + 快递 + 售后

比如：

"接下来这款商品是来自××旗舰店的米糊（店铺名称），这款米糊是由大米磨成粉渣做的，对胃非常好，比白米粥还好，因为它冲泡后是黏稠的糊状，所以更方便消化。而且冲起来非常简单，一杯热水加满搅一搅就好了，口感非常绵密，喝起来很舒服，这样一杯是 40g。"（商品介绍）

"在店铺的日常价是 9.9 元一杯，今天在我的直播间是 3.9 元一杯，这个超市也有卖，要 12.9 元一杯，所以今天在我直播间真的是直接打了 4 折，

非常划算。"（原价＋现价＋折扣力度＋线下价格）

"这个非常适合上班族，买一箱在办公室囤着，早上来不及吃早饭的时候冲一杯，不会饿坏肚子；另外我胃疼的时候什么都不吃，只喝它。"（使用场景）

"我们这个米糊库存只有5000单，抢完就没有了哦，现在已经上架了，赶紧去抢，进店铺有个5元的优惠券，直接下单。"（抢购方式）

"而且这个米糊是全国包邮（快递），支持7天无理由退换（售后），所以放心买。"

四、引导成交的五步法则

主播完成吸引关注、商品介绍和展示之后，最后一锤定音的步骤就是引导直播间内观众下单购买。这里总结了五步销售法，助力主播完成最后的引导下单操作，如图3-3-4所示。

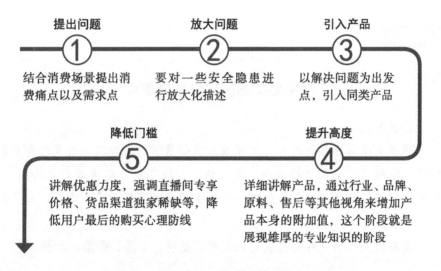

图 3-3-4　五步销售法

比如，××直播间主播利用五步销售法引导观众购买防晒霜：

"夏天这个季节紫外线非常强烈，是不是很多宝宝都容易晒黑甚至晒伤？"（**提出问题**：首先，针对商品的用途或卖点提出场景化假设）

"俗话说一白遮百丑，皮肤晒黑了就会变得不好看了，再去购买高价的美白精华，得不偿失。"（**放大问题**：其次，把自己提出的问题结合商品，放大或夸张化描述）

"所以防晒就凸显重要，防晒方式有很多，但是今天直播间推出一款××防晒霜。"（**引入产品**：然后，把解决问题作为出发点，顺势带出你需要提供的商品）

"该款产品使用肤感非常清爽不黏腻，而且大容量非常适合每天都需要防晒的宝宝们。"（**提升高度**：再通过之前夸张的描述带出你介绍商品的卖点，并且加以对比提升高度）

"这款商品日常专柜价格×××元，但是今天直播间最低专享价仅需××元，限量××个，抢完即止！"（**降低门槛**：最后，主播大力宣传优惠力度，并且强调说明直播间特惠价格，制造商品稀缺感）

相关链接

常见品类的商品介绍侧重点

1. 食品类

这类商品需要现场试吃，主播通过实际展示吃的过程，表现出食物的口感，让粉丝了解到食物的色、香、味。同时还要介绍清楚食物的配方，需要操作处理的食品，要事先准备好，主播也可以展示操作方法，如下图所示。

食品类商品用户的关注点：保质期、配料、口感、规格、价格。

直播活动截图

2.美妆护肤类

这类商品需要实验介绍，如果是面膜，一定要现场挤出精华、展示含量；如果是口红、眼影，一定要现场试色（无滤镜）。

美妆护肤类商品用户的关注点：使用感受（质感、质地）、功效（保湿还是美白）、成分（添加了哪些主要成分、功效是什么、占比有多少）、适用人群（肤质是干皮还是油皮、年龄适合多大）、价格。

3.鞋靴服饰类

这类商品需要展示介绍，要实际上身，通过讲解穿搭技巧、展示穿搭秀等方式直观展示给用户。

鞋靴服饰类用户的关注点：适合什么风格、面料是否舒适、实际上身效果、有无色差、尺码（透露模特身材信息，方便粉丝对比）、价格。

第四章
直播活动促销

开展促销活动，是提升直播间销量的有效方式。然而，由于竞争激烈，各个渠道的商家进行促销活动的周期越来越短，这就导致用户对普通促销活动的兴趣越来越低。因此，直播团队要尽可能地策划与众不同的促销活动。

一、节日型促销

直播间的节日型促销，是指利用春节、元宵节、劳动节、儿童节、端午节、母亲节、父亲节、国庆节、中秋节、元旦等传统及现代的节日进行促销活动，以吸引大量用户到直播间购物。

对于各种线上和线下的零售渠道而言，每一个节日都是一个促销机会。但节日不同，促销策略也应有所差异。

开展节日型促销，需要做好图 3-4-1 所示的几个环节。

图 3-4-1　节日促销的要点

1. 确定促销时间

虽然是节日型促销，但并不意味着，促销活动只能在节日当天进行，也不意味着，促销活动只有一天。对于某些节日来说，节日当天反而并不是最佳的促销时间。

以中秋节为例，在中秋节期间开展促销，并不是只在"八月十五"当天进行，而是在节前就应该开始，因为这段时间是人们采购节日礼物的高峰期。

2. 确定促销主题

不同的节日有不同的促销主题设计方法。节日的促销主题设计有三个基本要求，具体如图3-4-2所示。

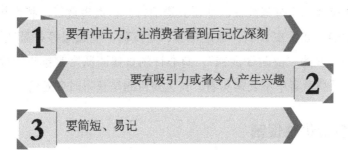

图3-4-2 节日的促销主题设计要求

3. 确定促销商品和价格

确定促销主题后，即可依据主题选择符合要求的商品，并确定合适的促销价格。在此需要注意，促销价格需要有吸引力，但并不是越低越好。

因此，在确定促销商品和价格时，直播团队要通过准确定位、诚信选品、适当让利的方式让用户觉得在直播间购物是"划算的"，从而相信直播团队。

二、时令型促销

在直播间，时令型促销分为两种，一种是清仓型促销，另一种是反时令促销。

1. 清仓型促销

清仓型促销是在一个季节过去大半时，将前段时间的热销商品进行一波"清仓大甩卖"；或者是针对销量不太好的商品以"甩卖""清仓"的名义让喜欢低价的用户前来"抢购"；又或者是在新品即将上市时，将上一代商品以"尾货清仓"的名义降价销售；又或者是在年底集中进行"年末清仓"。

2. 反时令促销

一般而言，一些季节性商品，往往有销售淡旺季之分。因为，大众的消费心理是"有钱不买半年闲"，即按时令需求，缺什么买什么。商家或主播一般也是如此，基本按时令需求供货。因此，商品在消费旺季时十分畅销，在消费淡季时往往滞销。但有些直播团队反其道而行，在炎炎夏日，将市场上原本滞销的冬令货物，如毛皮大衣、取暖电器、毛皮靴、羽绒服等在某些城市销售，这就是人们常说的"反时令促销"。有心计的直播团队常常推出"换季商品甩卖"之举，而消费者中不乏购买者，其主要目的是获得时令差价。

三、特价优惠促销

优惠促销是指让消费者或经销商可以用低于正常水平的价格获得某种特定物品或利益的促销活动。直播带货大多数的促销方式都是以特别低廉的价格，向消费者出售特定数量的商品。

1. 作用

（1）价格优势，在激烈竞争中取胜。成规模的商家往往主打价格优势，以特价的形式，赢得自己的市场空间。在激烈竞争的市场空间中，薄利多销成为众多商家制胜的法宝。

（2）提高销量，扩大市场占有率。直播团队采用特价优惠策略是在一定期限内将商品降价出售，让顾客产生这种商品很便宜的心理，待顾客购买该种商品后，再缓慢提高产品价格，直至恢复到原有水平。特价优惠价格策略，通过一"降"一"升"，无形之中扩大了市场占有率。

2.注意事项

（1）常见产品特价优惠更具吸引力。一般情况下，作为优惠对象的"特价品"，必须是消费者经常使用的，或者适合每一个家庭需要的物品。

（2）低价格优势需要真实突出。特价品的价格必须真正低价，才能取信于消费者，目前各购物平台的价格容易形成对比，既然消费者愿意花时间成本来观看直播，大部分情况下是因为消费者觉得直播间的价格比网络购物平台的要低。

（3）商品数目及时间需要限制。数量太大、时间太长，将会影响总的利润水平；数量太小，又不能满足需要，往往会引起多数顾客的失望，形成相反的效果。

直播活动截图如图3-4-3所示。

图 3-4-3　直播活动截图

四、购买即赠促销

购买即赠促销是通过向消费者赠送小包装的新产品、金额较低的小件商品、买×件则送×件等形式，使消费者快速熟悉企业的产品，刺激他们的购买欲望。让产品迅速打开市场，为企业赢得稳定的利润。

1. 作用

（1）刺激顾客购买的欲望。当消费者购买产品犹豫的时候，赠品会让其认为获得了更多的价值。购买送赠品，突出了商品的超值利益，吸引力很强，能引起立即性的购买行为，明显提升产品的销量。

（2）增强促销力度。顾客在购买促销商品时可以立即得到赠品，该形式对消费者有直观的引诱作用，对店铺来说操作简单又方便。

（3）宣传品牌气势。这种促销方式在品牌宣传上也有很好的作用，让利消费者，会让消费者产生较好的品牌印象。

2. 注意事项

（1）赠品与产品有相关性。选择的赠品和产品应有关联，这样很容易给消费者带来对产品最直接的价值感。如果赠品与产品能相互依存、配合得当，效果更佳。

（2）赠品也要重质量。赠品体现了商家诚信的宗旨。不要以为"赠"就是"白送"，便可随意"忽悠"。赠品质量不仅是国家法律条文所规定的，而且也是赠品能否发挥作用的基础，甚至会影响到企业的生存和发展。因为赠品不仅代表了自身的质量，而且是企业信誉、主商品质量的代表，与主商品和企业存在着一损俱损的唇齿关系。当赠品选取别家公司产品时，赠品的质量问题还会侵犯"赠品"公司的权益，引起法律问题，扰乱正常的市场秩序。

（3）送就请送在明处。有时我们明确地告诉消费者赠品的价格，也是非常有效果的，即使是便宜的赠品。因为消费者是冲着产品去的，赠品是你给消费者的一个购买诱因。"礼轻仁义重"——这可以增加消费者的认同感，让消费者认为你对他是真诚的，这比通过广告等方式提高消费者对你的信任要省钱得多。

五、限时购促销

限时购促销即限定消费者的购买时间。

1. 作用

（1）提高限时商品下单率。一般限时购的商品种类比较丰富，有时也会推出一些名牌商品，刺激消费者购买。

（2）限时购营造了紧张的氛围。每场推出的时间较短，一般是2个小时左右，先到先买，限量售卖。折扣较低，以1～5折的价格销售，折扣力度大。

2. 注意事项

（1）确认限定时间与折扣力度。一般来说限时购的优惠力度是很大的，会让顾客认为错过了可能再也没有如此优惠的情况了，限时让顾客感到紧张，所以会刺激消费，如图3-4-4所示。

图 3-4-4　直播活动截图

（2）发布消息、召集目标消费者。限时购一定要提前跟消费者打好招呼，在官网、平台及早进行宣传，吸引足够多的顾客前来参与限时抢购。

六、预售促销

预先销售一定数量的产品，看看市场的反应，再做后续打算。

1. 作用

（1）有效减少风险。对于一些设计、发明类的产品，可以通过预售来了解该种产品是否有市场，特别是针对一些只能通过批量化生产的产品而言，通过预售达到一定数量后才投入生产，可以有效规避风险。

（2）市场调研。如果预售没有成功，就表明该产品的实用性以及受欢迎程度有待考究与论证，也可以从侧面看出用户的关注程度。

2. 注意事项

（1）不是所有产品都适合预售。预售的产品一般是新品，而且使用价值比较高，例如手机、汽车、电脑等，更容易引起消费者注意，而生活类用品则不太适合进行预售。

（2）顾客认可的品牌更适用。知名度比较高的品牌预售新产品会得到消费者更大的关注。

七、抽奖促销

以抽签法决定中奖者。

1. 作用

（1）吸引顾客眼球。能够吸引感兴趣的用户进入直播间，增加在线观看直播的人数。

（2）提高商品下单率/支付转化率。抽奖一般是在直播中间或结束的时候公布中奖名单，如果奖品足够吸引人，有些顾客可能原本对促销的商品不感兴趣，但会因为奖品而发生购买行为。

（3）扩大品牌宣传力度。抽奖能反馈给观看直播的观众一些信息，商家用自己的产品作为奖品，在一定程度上提高了品牌的宣传力度。

2. 促销活动设置

所有的促销活动，都需要在店铺后台进行设置，以抖店为例，后台可以设置优惠券、限时限量折扣、全场满减或单品满减、购物红包、拼团、定金预售等。如图3-4-5所示。

图 3-4-5　促销活动设置界面截图

3. 注意事项

（1）通知下单成功的顾客获抽奖机会。直播间很多观众可能只是来观看直播的，并没有发生购买行为，而抽奖在一定程度上可以促进消费。通知下单成功的顾客获抽奖机会，能刺激顾客下单。

（2）奖品一般是价格比较高的产品。中奖的概率一般很低，如果奖品力度不够的话，顾客可能会不感兴趣。

直播活动截图如图3-4-6所示。

图 3-4-6　直播活动截图

第五章
直播宣传引流

直播引流，即直播团队通过一些方式为直播预热，让用户提前了解直播的内容，吸引感兴趣的用户进入直播间，以增加直播间的在线人数。

一、直播引流的渠道

直播引流渠道，有私域流量渠道和公域流量渠道之分。直播团队可以在私域流量渠道和公域流量渠道同时进行直播宣传，快速提升直播活动的热度。

1. 私域流量渠道

直播团队进行直播引流的私域流量渠道有：电商平台店铺、微信公众号、微信朋友圈和社群等，如表3-5-1所示。

表 3-5-1　私域流量渠道

序号	渠道	具体说明
1	电商平台店铺	拥有淘宝店铺（含天猫店铺）、京东店铺、拼多多店铺等电商平台店铺的直播团队，可以在店铺首页、商品页、商品详情页等宣传直播信息，以便关注店铺的平台用户了解直播信息
2	微信公众号	直播团队可以在微信公众号中以长图文的形式介绍直播信息，同时插入贴片或海报，更清楚地说明直播的时间和主题
3	微信朋友圈	直播团队可以在每个成员的微信朋友圈发布与直播相关的图文动态，进行直播预告
4	社群	直播团队可以创建自己的粉丝群，在开播前，将直播信息发布在粉丝群内，以引导粉丝到直播间观看直播。预告方式可以是短视频，也可以是宣传图，还可以是文字

2.公域流量渠道

公域流量渠道，即平台渠道。常用的公域流量渠道包括抖音、快手、视频号等短视频平台，以及微博平台。

（1）短视频平台。在开播前3小时，直播团队可以在抖音、快手、视频号等短视频平台发布短视频来预告直播信息。利用短视频发布直播预告的方式主要有图3-5-1所示的两种。

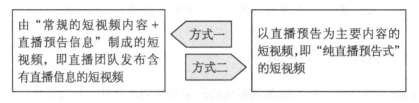

图 3-5-1　利用短视频发布直播预告的方式

（2）微博平台。一些电商平台的主播可以在微博平台进行直播宣传预热，吸引微博用户到直播间观看直播。

二、直播引流的时机

1.引流内容发布的时间

一般情况下，19:00 ～ 21:00是大多数上班族的休息时间，他们更可能在这个时间段观看直播，因此，这个时间段往往是直播间人数较多的时候，也是很多主播首选的开播时间。

不过，直播预告并不需要直播团队在这个时间段发出。由于直播预告的目的是引流，因此，直播团队需要在直播开播前就让目标用户看到直播预告。直播团队发布直播预告的提前时间不能太长，否则很容易让用户遗忘；但也不能太短，否则会影响预热效果。直播团队可以在正式直播前1 ～ 3天发布直播预告，为直播间引流。

2.引流内容发布的节奏

引流内容发布的节奏，也影响着引流的效果。

比如，罗永浩在抖音平台的首场直播预告，其模式如手机品牌的新品发布会一样，逐步放出消息，不断激发用户的好奇心。

3.大型直播营销活动的预告时间

大型直播营销活动的直播预告时间，可能会跟普通直播营销的预告时间不太一样。如果直播团队希望进行一场规模较大的、影响力较广的直播营销活动，可以考虑在表3-5-2所示的四个时间点进行宣传。

表3-5-2 大型直播营销活动的预告时间

序号	时间段	具体说明
1	提前一周	如果是一场新品推荐直播，直播团队可以提前一周在发布的短视频、图文中设定一些直播信息线索。比如，直播团队可在短视频中谈及跟新品特点相关的话题，或者在短视频中展示一段新品的生产视频，并在视频结尾透露"即将推出新品"的信息
2	开播前三天	在开播的前三天，直播团队需要发布一则短视频或图文来透露更多的新品信息和直播信息，其中包括优惠信息、开播时间和开播平台、邀请了哪些有知名度的直播嘉宾等
3	开播前一天	开播前一天，直播团队需要发布一则新品视频，在视频中提示观看的用户在留言中说一说对新品的看法，在视频结尾处再次展示明确的直播时间和直播平台，并邀请用户光临直播间
4	开播前半小时	直播团队需要在开播前半小时进行最后一次直播预告。预告中，直播团队需要介绍直播主题、核心内容，以及告诉用户"直播间有福利、有惊喜"，再次邀请用户光临直播间

三、直播引流的内容设计

引流内容决定引流效果，优质的引流内容可以为直播间创造巨大的营销价值。直播团队要尽可能地从引流标题、引流短视频和引流文案3个方面创作出有创意且贴合直播内容的引流内容。

1. 引流标题设计思路

同样的内容，采用不同的标题所达到的效果会相差很多。直播团队对引流内容的标题设计，可以从图3-5-2所示的几个维度进行思考。

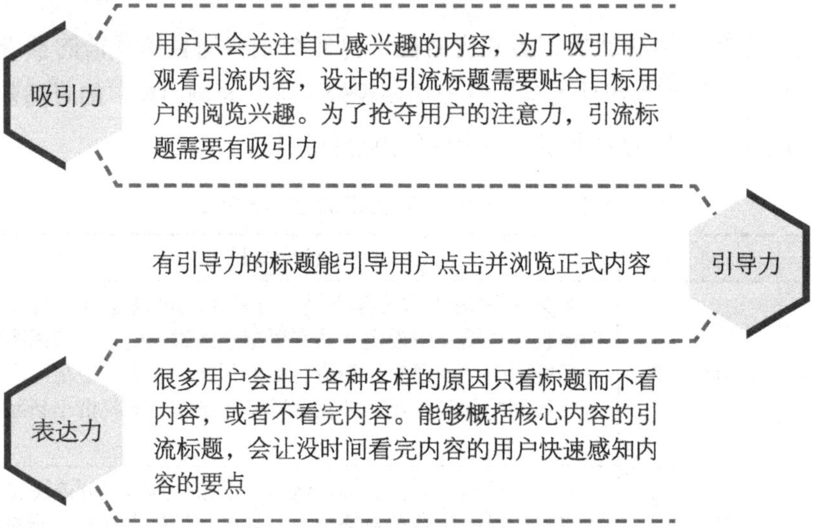

吸引力　用户只会关注自己感兴趣的内容，为了吸引用户观看引流内容，设计的引流标题需要贴合目标用户的阅览兴趣。为了抢夺用户的注意力，引流标题需要有吸引力

有引导力的标题能引导用户点击并浏览正式内容　**引导力**

表达力　很多用户会出于各种各样的原因只看标题而不看内容，或者不看完内容。能够概括核心内容的引流标题，会让没时间看完内容的用户快速感知内容的要点

图3-5-2　引流内容标题设计的维度

> **小提示**
>
> 优质的标题，往往不是一蹴而就的。为了创作出有爆款文章或爆款短视频倾向的引流内容，直播团队需要对标题反复设计与优化。

2. 引流标题设计方法

引流标题的设计也是有方法的。采用表3-5-3所示的几种方法，比较容易设计出有吸引力的标题。

表3-5-3　引流标题设计方法

序号	设计方法	具体说明
1	数字化	数字化标题，即将内容中的重要数据或思路架构整合到标题中。数字化标题一方面可以利用吸引眼球的数据引起用户注意，另一方面可以有效提升标题阅读的效率
2	人物化	在互联网世界，信任是很多行为的基础。很多人会先考虑来自好友推荐的商品，其次是专业人士推荐的商品，最后是陌生人推荐的商品。基于此，如果引流的内容中涉及专业人士或名人的观点，那么直播团队可以将其姓名直接拟入标题
3	历程化	真实的案例比生硬的说教更受欢迎。在标题中加入"历程""经验""复盘""我是怎样做到的"等字眼，可以引起用户的兴趣
4	体验化	体验化语言能够迅速将用户拉入内容营造的场景中，便于后续的阅读与转化。直播团队可以在标题中加入体验化语言，包括"激动""难受""兴奋"等情感类关键词及"我看过了""读了N遍""强烈推荐"等行为类关键词，引导用户的情感，迅速将用户拉入直播的场景中
5	稀缺化	对于稀缺的商品或内容，用户普遍更容易快速做出决策，从而点击浏览或直接购买。直播团队可以在引流标题中提示时间有限或数量紧缺，以提高内容的浏览量
6	热点化	体育赛事、节假日、热播影视剧、热销书籍等，都会在一段时间内成为讨论的热点，登上各大媒体平台热搜榜。如果直播团队发布的内容能与热点相关联，在标题中加入热点关键词，可以增加内容的点击量
7	神秘化	用户对于未知事物，通常有猎奇心理——越是神秘，越想一探究竟

四、引流短视频的内容策划

引流短视频的目标有两个，一是增加直播信息的曝光量，为直播间引流；二是增加主播的粉丝量。

1. 以预告抽奖福利为主的短视频

直播团队可以拍摄一个以预告抽奖福利为主的短视频，时长只需要15秒左右，以热情的方式告诉用户，直播间会送什么礼物，以吸引用户光顾直播间。

如果用户对福利感兴趣，就会在指定时间进入直播间。因此，在这种短视频中，福利必须要有足够的吸引力，直播团队要尽可能地设置用户皆知的高价值的福利商品。

2. 符合直播主题的情景短剧类短视频

直播团队也可以根据直播主题策划一个情景短剧。情景短剧类短视频，一般由两人或多人一起表演，来表达一个有感染力的主题，从而击中用户的痛点，激发用户的情感共鸣，使其主动点赞、评论和转发。

在引流短视频的内容策划中，有感染力的主题包括图3-5-3所示的几种。

图3-5-3　有感染力的主题类型

3. 以知识传播为主的短视频

干货类和技能分享类短视频是非常实用且容易"涨粉"的短视频类型，这类短视频包括PPT类短视频、讲解类短视频、动作演示类短视频和动画类短视频等。这类短视频有助于打造主播的"专业"人设。直播团队可以在这类短视频的结尾处加入直播信息。

4. 商品测评类短视频

商品测评是以商品为对象进行测评，要先"测"后"评"。直播团队通过对某种商品进行使用体验，或者按照一定的标准做功能性或非功能性检测，并对结果进行分析，然后做出评价，分享给用户，帮助用户从众多商品中筛选出质量有保障、体验感好、适合自己的商品，从而促成消费。

5. 实地走访类短视频

实地走访是指主播亲自到与商品相关的实际场景中进行探访与体验，并将过程分享给用户。实地走访类短视频适用于餐饮（即"探店"）、旅游、"海淘"商品、农产品等，可以通过记录饮食的生产场景、景点的实际场景、海外商品的销售场景，以及农产品的生长环境，增强用户对直播间商品的信任感，从而引导用户进行消费。

6. 以直播片段为主的短视频

直播片段式短视频也是直播团队常用的引流类型。直播团队通过拍摄即将直播的内容片段，介绍即将直播的商品，让用户提前感受直播场景，吸引用户在指定时间到直播间观看。

> **小提示**
>
> 短视频的创作形式有很多，以上介绍的几种是比较容易与直播内容建立连接的创作方式。短视频的内容只有与直播有较强的关联性，才更容易为直播间引流。

五、引流文案的撰写

引流文案需要解决用户的一个疑问：为什么要去看直播？为此，直播团队应突出直播间的特色，告诉用户直播间能为其解决什么问题。在此基础上，再通过促销活动、制造紧张感和稀缺感，引导用户在直播间产生消费的兴趣。常见的引流文案有图3-5-4所示的几种。

互动类文案一般使用疑问句或反问句，这种带有启发性的开放式问题不仅可以很好地制造悬念，还能为用户留下比较大的想象空间，提升用户的参与感

叙述类文案通常是指直播团队对画面进行描述，给用户营造置身其中的感觉，使其产生共鸣。直播团队在撰写叙述类文案时，需要根据直播主题和商品特点，选择有场景感的故事

直播团队通过发布在微信公众号的长篇文章告诉目标用户：为什么要开直播，要开一场什么样的直播，以及什么时间在什么平台开

图 3-5-4　常见引流文案的类型

六、付费引流

如果想要快速提升直播间的人气，直播团队也可以在即将开播或刚刚开播时，通过付费引流的方式为直播间引流。在此，主要介绍淘宝直播付费引流、抖音直播付费引流、快手直播付费引流和视频号直播付费引流。

1.淘宝直播付费引流

淘宝直播频道的流量分配机制是"私域维护好，公域奖励多"，如果直播团队能够把自己的私域流量维护好，那么，淘宝直播频道会奖励直播间更多的免费公域流量；直播间的私域流量越多，淘宝直播频道奖励给直播间的公域流量也会越多。

因此，直播团队在淘宝直播频道进行引流推广，关键是要坚持开播，维护好自己的私域流量。在此基础上，再使用"超级直播"，将直播推广至淘宝直播的直播广场、淘宝APP的猜你喜欢等优质资源位，从而取得良好的直播引流效果。

2.抖音直播付费引流

抖音直播间的付费引流，是以为直播间引流为目的，通过在用户的视频

"推荐"页同步直播内容,吸引用户进入直播间观看直播并购买商品。

对于开启了付费引流的抖音直播间,在直播时,可以让原本观看视频的抖音用户在不知不觉中看到直播间的直播信息。

(1)抖音直播付费工具。抖音直播间的付费引流工具是"DOU+"。"DOU+"是一款直播的加热工具,直播团队利用"DOU+"可以将直播信息推荐给更多的兴趣用户,提升直播间的人气、粉丝数及互动量,如图3-5-5所示。

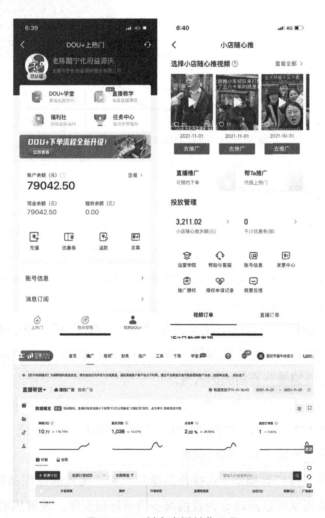

图 3-5-5　抖音直播付费工具

（2）抖音推广直播间的定向投放模式。目前，"DOU+"支持两种定向投放模式，即系统智能推荐和自定义投放。直播团队可以根据需要选择想要投放的对象。

（3）"DOU+"的高效投放技巧。为了高效地投放"DOU+"，直播团队需要做到图3-5-6所示的两点。

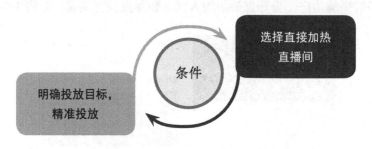

图3-5-6　高效地投放"DOU+"的技巧

3.快手直播付费引流

在快手平台进行直播，直播团队也可以进行付费推广。直播团队只需在开播页面点击图标，即可进入直播推广页面。需要注意的是，"期望增加观众（人数）"是推广可能引入的最多观众数量，但实际进入直播间的观众数可能会比预计观众数少。

不过，直播团队设置的"期望增加观众（人数）"或"预期增加粉丝数"越多，直播间的引流效果也就越好。因此，在直播高峰期，直播团队可以增加直播预算，以快速提升直播间的人气。

在直播推广页面的"选择推广方式"中，有"直接推广直播间""推广直播间+选择作品推广"和"优先通过作品推广直播间"三个选项。

不同的推广方式，有不同的优势。

其中，在"推广直播间+选择作品推广"和"优先通过作品推广直播间"选项中，直播团队可以选择专为直播准备的预告短视频，或者热度最高的短视频，以吸引观看短视频的用户进入直播间。

此外，为了增加直播间的有效曝光，直播团队可以在开播时，在直播封面和标题的设置中，勾选"开播通知粉丝"，以便将直播信息精准推荐给关注直播间的用户。

4. 视频号直播付费引流

视频号直播，是微信生态的一部分。视频号本身并没有官方发布的直接付费引流的渠道，但直播团队可以通过微信生态内诸多"付费"运营环节，为视频号直播"间接引流"。

在视频号平台进行直播，直播团队可以通过自媒体大号、社群群主、微信朋友为直播间引流，如表3-5-4所示。

表3-5-4　视频号平台付费引流的方式

序号	引流方式	具体说明
1	自媒体大号付费引流	自媒体大号，即拥有很多粉丝的自媒体账号，如微博账号、微信公众号账号、头条号等。对于视频号直播运营来说，最有合作价值的自媒体大号是同样包含在微信生态之内的拥有很多粉丝的微信公众号账号
2	社群群主付费引流	社群群主付费引流，即直播团队与有很多活跃社群的群主进行合作，在其社群中投放直播预告内容，为直播间引流。在社群中投放直播预告的形式比较灵活，可以是海报、短视频、文章等。直播团队在别人的社群中投放直播预告信息时，为了提升效果，应遵循以下3个操作技巧： （1）群主主动对直播团队进行介绍和信任背书 （2）直播团队应先发红包再自我介绍 （3）直播团队发红包请群成员观看直播
3	微信朋友引导扩散	依托于拥有100%熟人关系链的微信，直播团队可以借助"朋友看过的直播"使视频号直播实现快速扩散。"朋友看过的直播"会显示在视频号"朋友"页面的顶部位置。目前的内容呈现机制是，一个微信用户关注的视频号正在直播，或者微信用户通过其他渠道进入过这个直播间，该微信用户的微信朋友就会在这个位置看到直播信息。除非直播结束，或者微信朋友手动操作"不看对方的动态"，否则这条直播信息会一直出现在"朋友"页面。这意味着，直播团队在视频号进行直播时，多一个用户进入直播间，就可能多一波流量

第六章
直播用户管理

吸引用户关注，将用户变成主播或直播间的粉丝，是促进直播转化的基础。庞大的用户关注数量会优化直播间的营销数据，也会提升直播间的商业价值。因此，直播团队需要做好用户运营，以提升用户对主播和直播间的信任和黏性。

一、高频消费型用户

1. 定义

高频消费型用户，即经常在直播间购买商品的用户。

2. 特点

这类用户通过长期在线与主播互动，以及大量的购买行为与主播已经建立了较为深厚的社交关系，这类用户有稳定且习惯的购物环境和购物预期。

3. 管理

对于这类用户，直播团队要做好直播间的营销管理，具体要求如图3-6-1所示。

要求一 ▷ **确保直播间品类的丰富度**

这一类型用户与主播已经构建了黏性较强的关系。这种关系是建立在主播及直播间能给用户带来可靠、贴心的购物体验的基础上。因此，要维护与这类用户的关系，直播团队需要持续地为这些用户提供品类丰富的商品

| 要求二 | 确保商品质量可靠并拥有价格优势 |

这一类型用户经常进入主播的直播间，且主要目的是购物。而高质量的商品和较低的价格，是吸引用户在直播间购买商品的主要原因。因此，直播团队要尽可能地为这类用户提供物美价廉的商品

| 要求三 | 积极互动 |

这一类型的用户之所以会对主播的直播间感兴趣，除了上述两个原因之外，还因为他们能在主播的直播间得到一种情感上的满足

图 3-6-1　对高频消费型用户的管理

二、低频消费型用户

1. 定义

低频消费型用户是指可能已经认识主播很久了，但只是偶尔进入主播的直播间，且在直播间购物的次数也很少的用户。

2. 特点

低频消费型用户很少在直播间购物，一般会表现出图3-6-2所示的三个特点。

1 用户不信任主播，担心商品的质量问题和售后问题

2 用户没有在直播间看到自己想要买的商品

3 由于经济条件限制，用户觉得直播间商品的价格过高

图 3-6-2　低频消费型用户的特点

3.管理

基于上述特点，直播团队可以通过图3-6-3所示的方法提升这一类型用户的黏性。

方法一 ▶ **提升用户对主播及直播团队的信任感**

> 主播需要专业而客观地介绍商品的特点、优势及不足之处，以便让用户快速了解某一款商品是否适合自己

方法二 ▶ **让用户在直播间找到自己喜欢的商品**

> 直播团队不但要提升直播间商品品类的丰富度，还要注意提升同一商品的规格丰富度

方法三 ▶ **让在意价格的用户在直播间产生购买行为**

> 直播团队需要时常针对这类用户策划福利活动，如提供新客专属福利、"新粉"专属福利，或者定期抽奖、定期赠送优惠券等，降低这类用户的购物门槛

图3-6-3 对低频消费型用户的管理

小提示

对于低频消费型用户，主播还需要在助理的帮助下，尽可能地快速回复用户提出的问题，以增强用户对主播的好感。

三、闲逛的平台老用户

1.特点

闲逛的平台老用户通常对电商直播的模式有所了解，已经在其他主播的直播间产生过购物行为，也关注过一些其他主播。但他们关注的主播可能在这个

时间没有开播，或者所关注的主播直播间没有想要的商品，所以他们只是在直播平台随便看看，偶然转到了主播的直播间。

2. 管理

这种类型的用户只是偶然进入主播的直播间，还没有建立对主播的认知和信任，对主播推荐的商品还处于观望状态。

对于这类用户，直播团队可以通过图3-6-4所示的两种方法让其成为自己的高频消费型用户。

方法一 ▷ **提供新客专属福利**

> 直播团队可以对新用户提供专属福利，如额外赠送商品、价格减免等，以降低其试错成本

方法二 ▷ **建议其购买性价比高的"印象款"商品**

> 由于"印象款"商品的口碑较好，能增加用户对直播间的好感度以及建立用户对直播间的初步信任，因此，直播团队可以用低价、有品质保证、口碑较好的"印象款"商品吸引用户进行第一次消费，增加其再次光顾直播间的可能性

图 3-6-4 对闲逛的平台老用户的管理

四、直播平台的新用户

1. 特点

直播平台的新用户可能是通过朋友介绍或受媒体影响才尝试去观看直播。这类用户习惯的购物渠道是电商平台，而不是直播平台。他们还不太了解直播"带货"模式，对直播"带货"主播的信任感也不强，也不太清楚直播间购物的操作模式，也不知道如何领取优惠券、参与抽奖。

2. 管理

对于这类用户，直播团队需要做到图3-6-5所示的几点来吸引其在直播间尝试购物。

 展现热情和专业度 ☞ 主播的热情互动，以及对商品的专业介绍，可以增强新用户对主播的好感，从而对主播产生良好的第一印象

加强消费引导 ☞ 这类用户进入直播间，可能是想要尝试在直播间购物。因此，主播对于这类用户要加强消费引导，强调在直播间购买商品所能得到的优惠，要利用优惠券、红包、抽奖等活动来降低用户的尝试门槛，增强用户的购买意愿

积极引导关注 ☞ 这类用户不管有没有购买直播间的商品，都是直播间的潜在用户，主播都要尽可能地引导其成为直播间的粉丝，以便第一时间为其推送直播信息

图3-6-5　对直播平台新用户的管理

相关链接

什么样的人会成为直播间的用户

首先，观看直播的用户一定是有需求的人。

随着经济的发展，人均收入的提高，人们可支配的收入越来越多，已经实现了生理需求和安全需求的人们就会开始向更高层级的需求进阶。

而在这时候，直播带货的兴起，成为新风口，顺应了当代年轻人的消费习惯，给用户带来了内容上、产品上和购买方式上的新奇体验，也成为不少用户群体满足更高层级需求的新渠道。

其次，观看直播的用户可能是追求性价比的人。

直播带货，是主播和品牌合作进行的。主播往往能够依靠其强大的供应链为用户提供物美价优的产品，同时，依托于主播的影响力，越头部的主播议价能力就越强，和商家"谈判"的筹码也就越多，自然也就能够为用户带来更优惠的价格。因此，在直播间中，用户往往能够得到比线下甚至是线上旗舰店更低的价格。

当然，直播的性价比不仅体现在价格上，也体现在用户所花费的时间和精力上。在直播间中，通过主播专业的讲解和试用、精准的用户需求匹配分析，用户往往能够全方位地了解产品，减少"货比三家"所需要的时间和精力，从而缩短了决策时间，可以用更短的时间买到更满意的产品。

最后，观看直播的用户也可能是主播的粉丝。

在主播的直播间中，除了为满足需求进入直播间，和主播没有情感链接的用户外，还有一部分用户，我们称之为粉丝。他们进入直播间，大多是出于对于主播或者主播邀请而来的嘉宾的喜爱。

如今的主播看重的不只是直播间这一个阵地，如某些主播，虽然他们的主阵地是淘宝直播间，身份也只是一个带货主播，但他们在以微博为代表的各大社交平台上都有自己的账号，如下图所示。

这些主播在各大社交平台上运营自己的账号，建立和粉丝沟通的桥梁，也形成了自己的人设。主播红人化，已经成了一个趋势。

在社交平台上，主播会在直播前发布内容引流，在直播后收集粉丝的反馈和建议，通过这些方式，成功为自己的直播间完成助力。由此可见，主播的直播间中当然少不了粉丝的作用。

除了主播的粉丝，直播间中所出现的明星嘉宾也是吸引粉丝观看直播的一大利器。在 2020 年双十一期间，明星的加入，成功为直播间实现了引流。

　　或许粉丝不会成为直播间的消费者，但是成为一个观众，给自己喜欢的爱豆增加人气值，顺便截几张爱豆的美图，何乐而不为。

　　无论是出于购物需求、性价比需求还是"追星"需求的粉丝，他们进入直播间，都会成为直播间的用户。

第四部分

直播团队的运营

第一章
直播选品

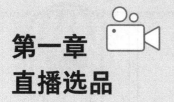

直播间的选品，即确定直播间要销售的商品。选品，决定着直播间口碑的好坏和营销的成败。因此，直播团队进行选品时不可跟风，要根据自己的情况仔细分析、认真筛选。

一、选品的维度

通常情况下，直播团队选品时需要考虑图4-1-1所示的三个维度。

图 4-1-1　选品需要考虑的因素

1. 直播营销目标

直播团队在不同的阶段可能会有不同的营销目标。

比如，在缺乏影响力时，直播团队可能希望先通过定期的高频率直播来提升主播和直播间影响力；而已经拥有一定粉丝量的直播团队可能希望尽快获取更多的营销收益。

对于不同的营销目标，直播团队采用的选品策略也不同。

2. 市场需求

市场需求，通俗而言，就是判断有多少人在多大程度上需要一个商品。判断市场需求的因素如图4-1-2所示。

图 4-1-2　判断市场需求的因素

需要的人数多，那就是大众需求；否则就是小众需求。

3. 季节与时节

直播带货中的很多"大众刚需"型品类都会受到季节和时节的影响，从而呈现旺季和淡季之分。对于这些商品，直播团队需要对以下问题予以判断：

（1）多久更新一次商品？

（2）在什么时间淘汰什么商品？

（3）在什么时间进行直播间的清场促销？

（4）在什么时间对直播间商品进行整体更新换代？

······

二、选品的依据

不同的用户群体，有不同的消费偏好。直播团队只有了解直播间用户的消费偏好，按需选品，才能更容易实现营销目标。

1. 按用户年龄选品

如果按照年龄层的不同进行划分，可以把用户群体分为少年、青年人、中年人和老年人四个群体，各自的消费偏好及选品策略如表4-1-1所示。

表 4-1-1　按用户年龄选品

序号	用户群体	选品策略
1	少年	少年基本上没有消费能力，几乎所有消费需求都由父母代为实现。但他们有自己的消费偏好，喜欢跟随同龄人的购买行为，且受视觉化宣传的影响较大。在进行商品选购时，不太考虑实际需求，更看重商品的外观，认为新奇、独特的商品更有吸引力
2	青年人	青年人追求时尚和新颖，喜欢购买能代表新生活方式的产品。他们的自我意识较强，很多时候，都力图表现自我个性，因此喜欢购买一些具有特色的、体现个性的商品。青年人为人处世一般更感情化，容易产生冲动型消费
3	中年人	中年人的心理已经比较成熟，在购买商品时，更注重商品的内在质量和性能。由于中年人在家庭中的责任重大，他们很少会做出冲动型、随意型消费，多是经过分析、比较后才做出消费决定。在实际消费前，他们会对商品的品牌、价位、性能进行充分了解，在实际消费时，往往按照计划购买，很少有计划外的消费和即兴消费
4	老年人	老年人由于生活经验丰富，很少感情用事，消费也更偏向理性。他们量入为出，偏向节俭，在购买前，对商品的用途、价格、质量等方面都会进行详细了解，而不会盲目购买。他们已经养成自己的生活习惯，对于使用过的商品和品牌更加信任，因而会重复购买

2.按用户性别选品

如果按照性别来划分，可以把用户群体分为男性用户和女性用户两个群体。两个群体的消费偏好及选品策略如表4-1-2所示。

表 4-1-2　按用户性别选品

序号	用户群体	选品策略
1	男性用户	男性用户的消费行为往往不如女性用户频繁，购买需求也不太强烈。他们的购买需求是被动的，如受家人嘱托、同事与朋友的委托或工作的需要等。在这样的购买需求下，他们的购买行为也不够灵活，往往是按照既定的商品要求（如指定的品牌、名称、式样、规格等）来购买 男性用户的审美往往与女性用户不同。对于自己使用的商品，他们更倾向于购买有力量感、科技感等男性特征明显的商品。如果直播间的目标用户群体是男性用户，那么，质量可靠、有科技感、极简风格的商品，可能更容易让他们做出购买决策

续表

序号	用户群体	选品策略
2	女性用户	女性用户是许多行业的主要消费群体，很多行业都非常重视女性用户的消费倾向。 女性用户一般喜欢有美感的商品。女性用户的"爱美之心"是不分年龄的，每一个年龄段的女性用户都倾向于用商品将自己打扮得更美丽一些。她们在选购商品时，首先考虑的是这种商品能否提升自己的形象，能否使自己显得更加年轻和富有魅力。因此，她们偏爱造型新颖别致、包装华丽、气味芬芳的商品。在她们看来，商品的外观（色彩、式样）与商品的质量、价格同等重要。

三、选品的策略

直播团队在选品时，可参考图4-1-3所示的策略。

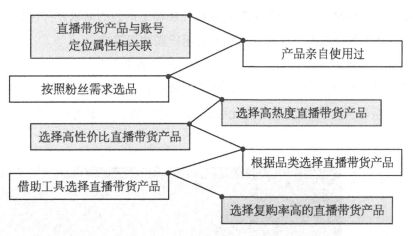

图4-1-3　选品的策略

1.直播带货产品与账号定位属性相关联

我们常常说，视频内容要与账号定位垂直，系统才会根据你的内容贴上精准标签，将视频推荐给更适合的粉丝。直播带货产品的选择也一样，你的账号如果主攻美妆，直播带货尽量选择与美妆相关的产品。这样，一方面你对产品的熟悉度高，另一方面也符合粉丝对账号的预期，更有助于提升产品转化。

2. 产品亲自使用过

亲自使用过产品，你才能知道它到底是不是一款好产品，是不是适合你的粉丝的消费需求，它有哪些特性，该怎么使用，怎么推销。

比如，你卖一款洗面奶，你得事先知道这款产品适合油皮还是干皮，你自己是什么肤质，你使用后是什么感觉？你身边其他肤质的人使用后是什么感受？你的粉丝对洗面奶有哪些需求？你的这款洗面奶能否满足他们的需求？

这些都需要你亲测过后才能得出结论，才能在直播间根据实际使用感受，向观众、粉丝推荐你的产品，才会更有说服力。

3. 按照粉丝需求选品

账号上的粉丝一定是因为你的特定属性能满足他们的需求才关注你，所以你选择直播带货产品时一定要了解粉丝的用户属性和需求。

比如，粉丝的年龄层次、男女比例、对产品的需求等。

根据这些需求，及时补充产品品类，满足粉丝需求。账号的后台数据，可以显示粉丝男女占比、年龄占比等信息，对选品有一定的指导作用，如图4-1-4所示。

图 4-1-4　后台数据显示界面截图

4. 选择高热度直播带货产品

与发视频蹭热点的逻辑一样，直播带货产品的选择也可以蹭热度。

比如，端午节的粽子，中秋节的月饼，夏天的小风扇，冬天的暖手宝，又或者是当下某个网络达人、明星带火的某款产品，都是我们可以蹭热度的产品。

不管用户是不是需要这件产品，在当下那个时间，也会对它们保持高度关注，就算不买，用户也可能会在你的直播间热烈讨论相关话题，从而提升直播间热度。

5. 选择高性价比直播带货产品

不管是哪个直播带货平台，高性价比、低客单价的产品都会在直播带货中更占优势。

比如，某直播带货主播承诺会给粉丝"全网最低价"且"无条件退换"的福利。一方面最大限度地保证了粉丝的权益；另一方面也让粉丝对主播产生了极高的信任，回购率也高。

6. 根据品类选择直播带货产品

直播带货平台上会有相对热门的产品品类，如美妆、零食、家用电器等。你可以在这些热门品类中选择自己擅长、账号适合的产品在直播间售卖。

7. 借助工具选择直播带货产品

学会使用工具选择直播带货产品是非常重要的。

比如，我们可以利用数据分析，直播商品中哪些产品的销量好？哪些产品在直播峰值的时候销量最高？哪些产品被点击的次数最多？哪些产品交易的数量最多？

根据这些数据，我们能够获得高销量产品的名称、品类、单价、来源等各项信息，然后再结合账号定位、粉丝需求，来选择合适的直播带货产品。

8. 选择复购率高的直播带货产品

直播带货的粉丝群体相对稳定，不容易快速增加新客户。所以，产品的购买频次一来影响收益，二来影响粉丝的活跃度，如果处理不当就会掉粉。因此选一些快消品或复购率高的产品，会有更好的效果。

相关链接

生鲜直播电商选品策略

1. 保存时间长、供应周期长的生鲜

相对于传统销售，电商有电商的规律，一个新店、一个新品，从零做起来，都需要一段时间的冷启动期，这个冷启动期根据运营的技术，需要一周到一个月的时间不等，而且还要投入不少的精力和金钱。这种电商规律就决定了上市周期足够长的生鲜，才适合做电商运营。不然生鲜货源支撑不到利润收割期或者刚进收割期就没货了，这样前期的投入都白费了，从这个角度看，干货类、姜、蒜等这些保存时间长、供应周期长的产品更适合做电商。

2. 便于保鲜、储存、运输的生鲜

目前只要是电商运营，自然就需要物流运输，新鲜的生鲜在密封的快递箱里，经过抛、摔、磕、碰一路传递，能否新鲜完好地送到消费者手里，特别是在天热和天冷的时候，这是生鲜电商需要考虑的。干货类的、不易碎的，例如粉丝、杂粮、干辣椒等都比较适合电商；叶菜类的新鲜蔬菜是最容易变质的，因此也是最难上线的，目前很少有人敢做；根茎类的生鲜，相对来说比较好运输、好储存，像红薯、土豆、姜等都比较适合做电商。这些也是生鲜电商要重点关注的方面。

3. 有卖点的新、奇、特生鲜

电商产品要有卖点，并不是说所有的农副产品都适合做电商。比如土豆，因为土豆种植面积比较广，在消费者心理属于偏低端的食材，如果加

上运输和包装费用，你卖得比超市还贵，那消费者为什么会从网上买呢？但是，如果你的土豆富含硒，那就不一样了，消费者自然也不会和超市的普通土豆进行比价，消费者买土豆，看重的是它的营养。新、奇、特的生鲜产品（如贝贝南瓜、果冻橙、小甘薯）在网上卖得都很不错。其他像食药同源的生鲜，未来也会有很大潜力。这些都是生鲜电商的选品方向。

4. 区域性强的、不可替代的生鲜

这个就比较好理解了，做电商的区域性较强的产品，像南方的一些水果、北方的一些特产、甚至只有某地才有的产品，线下通过层层分销、配送，到消费者手里的时候，价格比原产地已经翻了许多倍。而电商可以实现原产地直接到消费者的模式，这其中就有很大的价格优势，对于消费者是很有吸引力的。你看现在网上卖的猕猴桃、冬枣、水蜜桃、芒果等水果，包邮到家，平均每斤的价格甚至比当地超市便宜一半，这自然能吸引更多的消费者下单。

四、选品的步骤

对于中小型的直播团队或新手直播团队，由于其缺乏自建品牌、自建供应链的能力，因而需要通过招商来进行选品。通过招商进行选品，一般有图4-1-5所示的几个步骤。

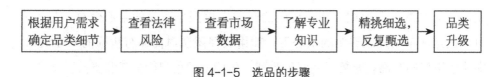

图4-1-5 选品的步骤

1. 根据用户需求确定品类细节

选品的第一步，是要根据用户需求确定选品的细节。

比如，对于服装类商品，用户偏爱什么风格、什么颜色、什么用途的服饰；对于家居用品，用户希望商品有什么样的基本功能、什么样的商品造型、什么样的商品包装等。

2. 查看法律风险

对于某些商品品类，直播间是不允许销售的，直播团队应注意规避。

比如，美瞳，即彩色隐形眼镜，已于2012年被列入第三类医疗器械用品，不允许在直播间销售。

另外，对于涉嫌抄袭原创设计品牌的商品，如果在直播间上架销售，会影响主播和直播团队的声誉。因此，对于看起来像爆款的商品或自称独家设计的商品，直播团队要注意审查，确保不会涉及侵权。

3. 查看市场数据

直播团队在选品环节，要注意查看具体的商品"直播转化率"这一数据，即了解商品销量和商品关联直播访问量的对比。这个数据能够帮助直播团队判断目标商品的市场需求有多大。

4. 了解专业知识

直播团队在选品时也要了解商品所属领域的知识。一方面，在竞争激烈的市场环境中，直播团队只有尽可能多地了解目标商品所属领域的专业知识，才能把握商品的生命周期，并在有限的时间内挖掘出商品的全部信息。另一方面，在当前市场几近透明的状态下，如果直播团队对商品有较强的专业认知，即使所销售的商品在直播平台竞争激烈，也能赢得用户的信任和支持。

5. 精挑细选，反复甄选

根据二八法则，20%的商品一般能带来80%的销量。直播团队在甄选目标时要尽可能地发掘出那20%的畅销商品。在这个过程中，直播团队的专业程度决定了筛选结果。

6. 品类升级

任何一款商品，都是有生命周期的。在直播间，今天的爆款商品，明天或许就会被市场淘汰；今天发现的新品，明天或许就会被其他直播间跟风销售。对于直播团队来说，爆款商品被淘汰、被跟风销售是无法避免的。因此，直播团队在获得用户的支持之后，要及时地进行品类升级。

相关链接

网络直播营销选品规范

第一条　为促进网络直播营销业态的健康发展，营造良好的市场消费环境，根据《中华人民共和国电子商务法》《中华人民共和国产品质量法》《中华人民共和国食品安全法》《中华人民共和国消费者权益保护法》《中华人民共和国广告法》《中华人民共和国反不正当竞争法》等有关法律法规及中国广告协会《网络直播营销行为规范》，制定本规范。

第二条　本规范为网络直播营销主播及其服务机构（以下简称主播和机构）在直播选品、直播销售和售后服务的活动提供指南。

第三条　主播和机构不得推销法律、行政法规禁止生产、销售的商品。其推销的商品应符合法律法规对商品质量和使用安全的要求，符合使用性能、宣称采用标准、允诺等，符合保障人身与财产安全的要求。

第四条　主播和机构应认真核对商家资质，并重点审核以下内容：

（一）加盖公章的供应商营业执照复印件；

（二）法律、法规对从事生产、加工、销售或者提供服务的主体需要取得行政许可的，应提交加盖公章的行政许可批准证书的复印件。

鼓励主播和机构与信用良好的商家合作。

第五条　主播和机构应认真核对商品资质，属于市场准入审批的商品或者服务，需查验相应的市场准入类批准证书。

鼓励主播和机构选择信誉良好的品牌商品。

第六条　主播和机构推销的商品中涉及商标、专利、认证等证书以及代言人证明等用于确认产品实际情况的其他必要文件资料的，应认真进行核对。涉及他人名义形象的，主播及机构需向权利方索要相关权利证明文件，必要时，予以公示。

第七条　主播和机构应检查核对直播选品样品的商品信息，包括但不限于：

（一）关于标签标识，涉及商品价格、商品名称、产地、生产者信息、性能、重要参数、规格、等级、生产日期、保质期等内容，需检查核对是否与商品资质资料的相关信息保持一致；

（二）关于商品包装，需检查核对商品在正常的流通过程中受环境条件的影响是否会破损、损坏，商品包装上的宣传语应避免违法违规或与产品标识、说明书相矛盾等；

（三）关于说明书，需检查核对宣传内容是否符合商品实际情况，是否与商品信息及资质资料的相关信息保持一致。

第八条　鼓励主播和机构对拟选推销的商品进行试用体验。

第九条　鼓励主播和机构采取实地调研、审核商品原材料、考察商品生产流程等方式，加强对商品原产地的审核。

第十条　鼓励主播和机构在直播销售前随机选择直播商品样品送至具有检测资质的第三方专业机构进行检测，以确保选品符合相关标准要求。

对已经直播销售的商品，鼓励主播和机构自行委托第三方专业机构对商品进行抽检，检验商品质量是否合格。

第十一条　主播和机构应如实描述商品信息，加强对直播间商品服务信息宣传语的合规化管理，不得对商品信息进行夸大。

第十二条　直播间推销的商品或服务存在与事先承诺的商品外观、型号、材料、质量或品牌不符以及与事先承诺的服务不符等问题，主播和机构应当及时联系和告知商家，并协助商家积极行使救济措施，依法保障消费者合法权益。

第十三条　主播和机构在与商家合作中，如发现商家涉嫌违反平台规则的行为，应按照与商家的约定进行处理；如发现商家涉嫌违反有关法律法规的行为，应立即暂停与商家合作，并通报网络直播营销平台。

第十四条　主播和机构、网络直播营销平台等应当依法配合有关部门监督检查，提供必要的资料和数据。

第十五条　鼓励主播和机构制定网络直播营销选品制度，深化对产品的认知与了解，提升选品能力。

第十六条　网络直播营销服务机构应当提升签约主播的合规意识，督导签约主播加强对法律、法规、规章和有关规定及标准规范等的学习。

第十七条　本规范自发布之日起生效。

中国广告协会将加强对本规范实施情况的监测和评估，向社会公示规范实施情况，鼓励自律自治，争创品质直播。对违反本规范的，视情况进行提示劝诫、督促整改、公开批评；对涉嫌违法的，提请政府监管机关依法查处等，切实服务行业自律、服务行业维权、服务行业发展。

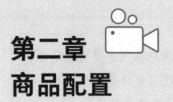

第二章
商品配置

　　直播间商品的配置，是指直播团队根据商品在直播间的功能、销量和用途的差异将商品划分为多种类型，对不同类型的商品进行合理配置，从而实现直播间的营销目标。

一、按商品功能配置

　　按照商品在直播间功能的不同，直播间展示的商品可以分为图4-2-1所示的四种类型，在整个营销的过程中，这四种商品发挥着不同的作用。

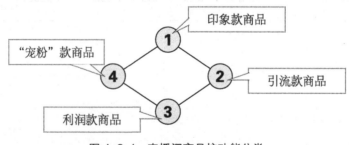

图 4-2-1　直播间商品按功能分类

1. 印象款商品

　　印象款商品，即能给用户留下第一印象的商品。这种商品一般是用户在直播间达成的第一笔交易，其价格、质量、特点都会直接决定用户对主播、直播间及直播间商品的整体印象。如果用户对印象款商品的印象良好，很可能会再次光顾直播间。

　　因此，直播团队在为直播间选品时，需要认真挑选印象款商品。在直播间的商品配置中，印象款商品的比例可设置为20%左右，不宜过高。

2. 引流款商品

引流款商品，就是吸引用户在直播间停留的商品。为了吸引用户进入直播间并观看直播，引流款商品需要具有吸引力且低价。

在直播间，引流款商品一般在直播开始阶段被推荐。直播团队可以先用极低的价格吸引用户，再用限时秒杀的方式快速提升直播间的购物气氛，为直播营销打造一个良好的开端。

3. 利润款商品

利润款商品也叫"跑量"款商品，是指直播团队通过薄利多销的"跑量"方式来增加直播间的收益和整体利润。因此，利润款商品是直播间重点推荐的商品。在一场直播中，利润款商品可以多一些，可达到50%以上。

4."宠粉"款商品

"宠粉"款商品，也叫专属福利款商品，是直播团队为加入粉丝团的用户专门提供的商品。

直播间的其他用户只有加入粉丝团后，才有机会抢购"宠粉"款商品。"宠粉"款商品的特点是低价格、高品质。

直播间销售"宠粉"款商品，从收益来看，很可能是亏本的。但其存在的目的是提升粉丝对直播间的黏性，瞬间提升直播间的购物气氛。因此，即使是亏本销售，直播团队也应保证"宠粉"款商品的质量。

二、按商品销量配置

根据直播间一定时间的商品销售数据，直播间的商品可分为图4-2-2所示的三个类型。

图 4-2-2 直播间商品按销量分类

1. 畅销商品

畅销商品是支撑直播间销量的商品。畅销商品一般是有时效性的，往往只能给直播间带来短期的突出销量。火爆之后，销量会下滑，甚至成为被淘汰的滞销商品。因此，在畅销商品的选择上，直播团队要注意时机的把控。

2. 主打商品

主打商品是支撑直播间利润的商品。主打商品一般是持续热销的商品，时效性不强，在全年内都有不错的销量，一般不会受到季节的影响。

销量高、用户评价好、符合主播人设、符合直播间风格的商品适合作为主打商品，这样的商品也可以看作是代表主播和直播间形象的商品。

3. 潜力商品

潜力商品是未来可能会成为畅销商品或主打商品的商品。从另一个角度看，潜力商品也意味着商品本身或商品的销售方式还有一些不足的地方。

直播团队一般可以通过用户评价来寻找潜力商品。通常情况下，潜力商品的评分可能是中等偏上。

对于潜力商品，直播团队要认真查找用户好评和差评的内容，了解哪些方面是用户满意的，是需要保持的；哪些方面是用户不满意的，是需要改进的。相对来说，用户对潜力商品感到"不满意"的地方，经直播团队进行弥补后，可能会让这类商品在未来市场占据优势。

三、按商品用途配置

按照不同的用途，直播间商品可以分为抢拍商品、基础商品和利润商品三类。在一场直播中，直播团队既要保证商品的销量，又要打造直播间的互动气氛，让用户始终保持购买热情，就需要将这三类商品进行组合销售。一般情况下，组合方式有以下两种。

1.一款抢拍商品＋一款基础商品＋一款利润商品

在这个商品组合模式下，抢拍商品一般在直播开播初期被推荐，用于获取流量及打造气氛。等直播间拥有一定的流量基础后，再适时推出覆盖用户群更广的基础商品。当流量进一步增加达到顶峰时，便可以推出利润商品。采用这样的商品组合，能够保证利润商品得到最大程度的转化。

2.一款抢拍商品＋一款利润商品＋两款基础商品

这种商品组合模式和第一种商品组合模式类似，直播初期主要依靠抢拍商品获取流量。

在直播开始阶段，当直播间用户达到一定的数量时，主播可以推出一款抢拍商品，以快速提升直播间的购买气氛，实现第一波商品的销售转化。接下来，直播间的流量一般会处于比较活跃的状态，流量也会达到一个小顶峰，此时，可趁机推出一款利润商品。在利润商品之后，再推出两款经典基础商品，以吸引更多用户在直播间产生购买行为。

相关链接

2020年度淘宝直播货品品类分析

1.2020年度淘宝直播十大潜力品类

2020年度商家进入淘宝直播渠道的程度加深，对应着，参与直播的品类也更加丰富、全面。从成交金额上看，实力较强的3C数码、大家电、生活电器行业挤进了TOP10。此外美妆、食品、母婴等品类连续两年成交金额上涨超过100%。

从成交金额增速上看，医美、3C数码、汽车等高客单价品类和图书音像、家装、运动户外等面向特定用户的品类增速喜人，如下图所示。

淘宝直播 2020 年成交金额增速 TOP10 行业

2. 生活电器成交金额同比增长346%，食品上涨184%

直播间直观的展示形式，以及消费者对直播购物方式的不断认可，促进了生活电器这一高客单价品类在淘宝直播快速崛起。2020年，淘宝直播生活电器品类成交金额同比增长346％。其中，第二季度和第四季度恰逢天猫618和天猫双11大促，成交增幅极为明显，如下图所示。

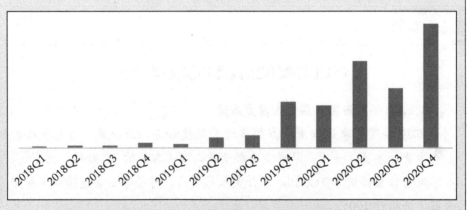

淘宝直播生产电器品类成交金额变动趋势

食品是淘宝直播深耕已久的核心品类之一。近几年，除了传统品牌不断涌入直播间，新品牌也大举入场。2020年，淘宝直播食品品类成交金额同比上涨184％，如下图所示。

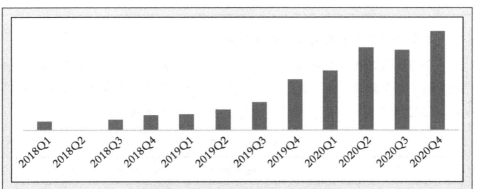

淘宝直播食品品类成交金额变动趋势

3.淘宝直播货品的价格区间分布均衡

从价格偏好分析，淘宝直播上一、二线城市和下沉市场的用户消费能力泾渭分明。一、二线城市消费能力明显更强，下沉市场消费群体更偏好价格低的商品。

年长用户更偏好高价产品，年轻用户更偏好单价较低的产品。

女性用户更偏爱中档价位产品，男性用户的偏好处于价格范围的两端。

淘宝直播上商品的价格区间分布呈现均衡状态。100～300元是最大的价格区间，占比23％；5000元以上和10元以下的商品也有5％左右的占比，如下图所示。

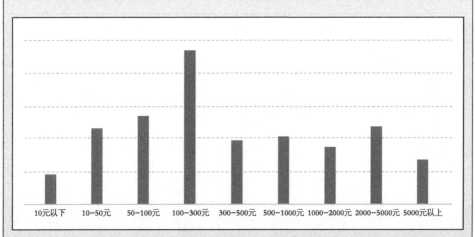

淘宝直播商品价格区间分布图

4. 新潮产品在直播间成交增速显著

淘宝直播的内容化场景便于产品展示，能够快速吸引垂直客群的目光，也带动了许多新潮产品的成交增速。以女装类目下的汉服为例，相比 2019 年，2020 年汉服的成交金额增速高达 753%，如下表所示。

新潮产品的增速

大品类	细分品类	增速（同比 2019 年）
女装	汉服	753%
3C 数码	云台	859%
汽车	摩托车整车	185%
美妆	女士脱毛 / 剃毛器	203%
食品	意大利面	1485%
运动户外	筋膜枪	864%
个护清洁	整顶假发	185%
医美	牙齿矫正	13546%
其他	宫颈癌疫苗	100386%

第三章
商品定价

当前的直播营销模式，更偏向于传统营销中的短期促销模式。这也意味着，直播间商品的价格，只有比实体门店、电商平台旗舰店等零售渠道的商品价格更低，才能吸引用户在直播间完成消费。因此，为直播间的商品定价，也是极为重要的工作。

一、单品定价策略

在直播间，商品的价格越低，用户的购买决策过程越短，越容易触发冲动消费。一般来说，单品定价可参考图4-3-1所示的策略。

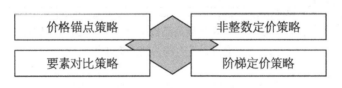

图 4-3-1　单品定价策略

1.价格锚点策略

价格锚点策略，即根据其他商品的价格来设定所推荐商品的价格。从用户的角度看，其在不确定一个商品的价格是否"划算"时，就会参考其他同类商品的价格。如果有三款同类商品，且三款商品有三种不同的价格，用户一般倾向于选择价格居中的商品。因为对于最便宜的商品，用户会担心其质量不好或性能不高；而对于最贵的商品，用户会觉得其缺乏性价比，购买也许会"吃亏"。

2.要素对比策略

用户购买一个价格更高的商品，往往会考虑各种因素。因此，若直播团队设定更高的价格，就需要为用户提供一份直观的关键要素对比资料。

比如，对于手机、计算机、生活电器类产品，直播团队可以提供硬件配置对比表；对于服饰类产品，直播团队可以提供用料对比图、工艺对比图等。当用户看到差异时，就会倾向于购买"更好"的那款商品。

3.非整数定价策略

非整数定价策略，即直播团队设定的商品价格以9或8结尾，而不是以0结尾。非整数价格，对用户的心理影响如图4-3-2所示。

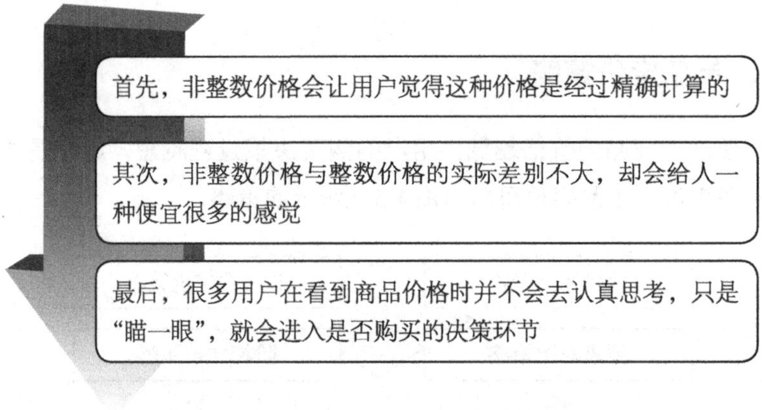

首先，非整数价格会让用户觉得这种价格是经过精确计算的

其次，非整数价格与整数价格的实际差别不大，却会给人一种便宜很多的感觉

最后，很多用户在看到商品价格时并不会去认真思考，只是"瞄一眼"，就会进入是否购买的决策环节

图 4-3-2　非整数价格对用户心理的影响

4.阶梯定价策略

阶梯定价策略，即用户每增加一定的购买量，商品的价格就降低一个档次。采用这种定价策略，可以吸引用户增加购买数量。

阶梯定价策略适用于食品、小件商品和快消品。

> **小提示**
>
> 商品价格不是一成不变的，直播团队需要时刻分析市场动态，根据市场变化及时调整商品价格。

二、组合商品定价策略

组合商品定价策略，即将两种或两种以上的相关商品捆绑打包后进行销售，并设定一个合理的价格。组合商品定价策略有两种常用模式，如图4-3-3所示。

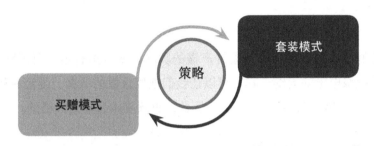

图 4-3-3　组合商品定价策略

1. 买赠模式

买赠模式，即为所销售的商品设定一个价格，同时免费赠送一个其他商品。最适宜的赠品是用户使用购买的商品时会用到的附属商品。

需要注意的是，采用买赠模式时，赠品应该在直播过程中多次出镜，由主播亲自试用，以增强用户对赠品的记忆及对赠品价值的认可。

2. 套装模式

套装模式，即直播团队将不同的商品放在一起组成一个套装，并为套装设定一个价格。

第四章
直播脚本设计

一场好的直播离不开一个设计严谨的脚本，要有头有尾，有开篇有高潮。直播脚本就像电影的大纲一样，可以让我们把控直播的节奏、规范流程、达到预期的目标，并让直播效益最大化。因此，直播脚本是非常关键的。

一、直播脚本的作用

具体来说，直播脚本具有图4-4-1所示的作用。

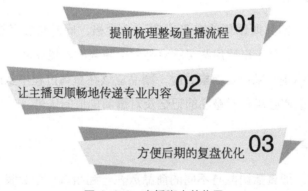

提前梳理整场直播流程 01

让主播更顺畅地传递专业内容 02

方便后期的复盘优化 03

图 4-4-1　直播脚本的作用

1.提前梳理整场直播流程

梳理直播流程可以让主播提前预习当天的直播内容、熟悉当天直播的产品，让直播内容有条不紊地进行。

开播前我们需要梳理的流程是5个主要阶段的直播内容，开播时怎么预热？如何正式开始本次直播？什么时间预告下次直播的爆款、人气款或全部产品？……

同时，还要规范直播主要工作人员的工作内容、紧急情况时的应对政策、注意事项等。

2. 让主播更顺畅地传递专业内容

直播脚本里包含了产品引入话题推荐、产品讲解、流程推荐、品牌介绍等话术，同时还包含了产品的直播排序，可精准到分钟，这样主播就更清楚自己在每个时间段的带货内容。

参考话术也降低了主播因为忘词、不懂产品所带来的只能按照产品包装去介绍产品的尴尬。

3. 方便后期的复盘优化

任何工作，复盘都是非常重要的内容，直播也不例外。

每场直播后，我们都要以粉丝、直播看客的角度去回顾上一场直播，在回顾中要将工作流程化，并且要总结优点，将经验转化为能力，同时也要发现缺点，不断纠正错误。

二、直播脚本的核心要素

直播脚本的核心要素如图4-4-2所示。

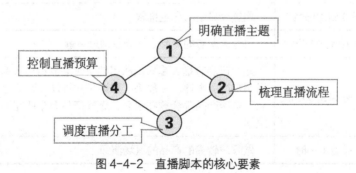

图 4-4-2　直播脚本的核心要素

1. 明确直播主题

明确直播主题也就是搞清楚本场直播的目的是什么？是回馈粉丝，新品上市还是大型促销活动？

明确直播主题就是让粉丝明白，他们在这场直播里面能看到什么、获得什么，可以提前勾起粉丝的兴趣。

> **小提示**
>
> 每一场直播都应该具备话题性，能够引起粉丝传播、网友讨论。直播主题要有噱头并且简洁，能让用户用一句话记住。

2. 梳理直播流程

一场完整的直播包含开场互动、整场产品预告、产品介绍、滞销返场、下场预告等环节，每一环节都需要有详细的时间节点、目的、互动方式等内容。专业的主播团队在每一个环节即将结束的时候，都会有助理专门提醒主播注意时间。

以4个小时的直播为例，将直播分为表4-4-1所示的几个模块。

表4-4-1　整场直播流程设计

序号	时间段	流程内容
1	第1到5分钟	打招呼、热场，把气氛搞起来，做近景直播
2	第5到10分钟	剧透今日新款和主推款
3	第10到20分钟	将今天所有的产品走马观花地过一遍
4	30分钟到3小时	逐个产品直播，幕后团队需要及时反馈销售数据，引导主播调整产品顺序。一般为了保证用户可以长时间停留在直播间，重磅产品都会放在最后，爆款产品会穿插在不同的产品之间
5	最后1小时	做呼声较高的产品的返场演绎

序号	时间段	流程内容
6	最后 30 分钟	完整演示爆款产品的购买路径，教粉丝怎么领优惠，怎么成功拍下
7	最后 10 分钟	对下场直播的预告，剧透明日新款
8	最后 1 分钟	再次强调下场直播时间，引导用户关注，透露明日福利

3.调度直播分工

对主播、助播、运营人员的动作、行为、话术做出指导，包括直播参与人员的分工，比如，主播负责引导观众、介绍产品、解释活动规则；助理负责现场互动、回复问题、发送优惠信息等；后台客服负责修改产品价格、与粉丝沟通、转化订单等。

4.控制直播预算

低价才是粉丝追随的主要动力，直播的优惠活动是影响粉丝在直播购买产品的最直接因素。

因此，直播团队要合理规划整场直播的优惠活动，比如，什么时候该用优惠活动来调动观众热情，什么时候要借助优惠活动促使观众快速下单等。

直播脚本可以帮助主播梳理直播流程，让直播有条不紊地进行；帮助主播使用话术，清晰明了地传达直播内容。一份适合的直播脚本，是一个直播间步入正轨的必要条件。

但直播脚本不是一成不变的，需要不断地优化和改进。

三、整场直播脚本的设计

整场脚本是对整场直播内容的设计与编写，在直播过程中，最重要的就是对直播内容进行一个规划和安排。

1. 开场环节

直播刚刚开始，最重要的目标就是暖场，提升直播间的人气。暖场的时长可以控制在5～15分钟，这个阶段需要主播跟粉丝打招呼问候，抽奖发福利，跟粉丝友好互动，提前告诉粉丝今天直播间产品有哪些亮点等。

会不会暖场，也是考验主播能力的一大标准。很多直播团队不重视暖场，其实这种观念是错误的。一般暖场做得好，便拥有了初始流量，才能为后续有潜力的爆品、高客单价的商品做铺垫。

在暖场期要准备好暖场话术、开场抽奖介绍、直播间整个卖品的大概介绍、本场直播间的大奖福利介绍等。

如表4-4-2所示的是"××直播间"的开场互动话术。

表4-4-2　开场互动话术

环节	话术
打招呼：关注＋粉丝团＋分享等	Hello，欢迎所有新进直播间的宝宝们，我们是××官方直播间，厂家直销，记得点击左上角的主播头像，关注主播，后续最新直播动态、最新作品都会第一时间通知你们哦！没有点关注的宝宝们帮主播把关注点起来哈！喜欢主播的宝宝们，可以点击左上角的小心心，成为粉丝团员，我们会赠送运费险哈。各位宝宝们如果认可我们的直播间，可以点击下方的分享按钮，分享给身边的好朋友哦！我们每天会给大家带来意想不到的福利
强调开播时间和频率	新进直播间的宝宝们，欢迎大家来到××官方直播间，厂家直销。开播时间是每天早上10:00到次日凌晨00:30，风雨不改，没点关注的记得点关注，点了关注的有时间可以来逛逛哈，我们随时在直播间恭候大家

2. 正式售卖环节

正式售卖的环节可以分为：售卖初期、售卖高潮期、售卖结尾期，每个部分的时长可以根据自己直播间的情况而定。

（1）售卖初期。在售卖初期，重点工作还是要慢慢提升直播间的卖货氛围，让用户积极参与直播间的互动。所以在这个阶段很多直播间会抛出低价引流款，让粉丝在弹幕上发起评论，在直播间里形成百人抢购的氛围。这样会让刚进直播间的用户，一下子就能感受到直播间火热的气氛，人人都有从众和看热闹的心态，能让新用户停留，就能创造爆单机会。

（2）售卖高潮期。当进入售卖高潮期时，直播间的卖货氛围和人气都涨起来了。直播间的售卖高潮期堪比卖货的黄金时段，一定要抓住时机。这时首先建议选择高性价比、非常具有价格优势的产品。其次是将高客单价和低客单价的产品相结合。

如果主播所卖的商品有绝对的价格优势，不少主播会直接将其他平台的商品价格截图打印下来，在直播间展示，以打消用户对价格的顾虑。对于很多价格敏感型的用户来说，这一招非常有用。

同时，在售卖高潮期售卖的产品要高低价格相结合，以满足不同消费能力的用户需求，从而把人留住。

在创造出高销售额时，也不要忘了放出大奖，来刺激粉丝继续下单，拉高整个直播间的声势，让更多用户进入直播间，冲一波流量和销量。

（3）售卖结尾期。一场直播下来，流量有高有低很正常。到了后期，直播间的流量开始下降，就进入了售卖结尾期。此时用户开始感觉疲乏，我们可以用秒杀、免单吸引用户的注意力，拉高用户的下单率。同时，这个阶段还可以做潜力爆款的返场。

3. 结束环节

到了直播即将结束的时候，开始准备收尾工作，一般时长是10分钟。这个阶段可以再送出一点小礼品，回馈已经下单的粉丝。还可以为下一场直播做简单的预告，并且针对粉丝呼声很高的产品，确定是否安排返场。

另外，不要忘记引导粉丝关注主播直播间，强调每日直播时间，引导粉丝准时进入直播间。最后，再次感谢粉丝的支持，跟粉丝告别下播。

四、单品直播脚本的设计

单品直播脚本的目的就是把推荐的产品卖出去，不管是电视购物还是直播带货，产品的脚本逻辑都是一样的，如图4-4-3所示。

图4-4-3　单品直播脚本设计的逻辑

1. 吸引用户

手机屏幕前用户的注意力有限，如果产品一开始的介绍没有吸引他，那么他可能会丢下手机等待下一个产品。所以一个单品直播的脚本，首先要考虑怎么样的开场是可以吸引到用户的。

引起用户注意可以用图4-4-4所示的两个方法。

图4-4-4　吸引用户注意的方法

比如，××直播间卖脱毛膏的时候，女助理首先会说，夏天到了，自己胳膊上的汗毛漏出来感觉很不好，自己很苦恼，一下子会调动起女孩子的爱美之心，因为这是"我们共同的烦恼"。

又如，××直播间卖老年鞋时，开场助理讲述了她妈妈脚不好，走路不方便，普通的鞋子不合脚、磨脚、不舒服，将用户带入场景，嗯，想想自己的父母，好像也是这样。

又如，××直播间卖醋时，是这样介绍产品的，"醋是我们日常厨房必不可少的调味品，大家去看看你们厨房的醋瓶，如果配料表里有苯甲酸钠、焦糖色的成分，请马上扔掉！马上扔掉！不要再吃了！每天入口的东西，我们要选品质好的，这些添加剂长期食用都会对我们身体造成危害。想吃正宗的山西老陈醋，要认准我们××品牌，六百多年的悠久历史、没有任何勾兑和添加、纯粮食酿造的老陈醋，老太原人线下排队在买的老陈醋。大家都知道，山西人喜欢吃醋，山西陈醋的品牌那么多，为什么老太原人不怕风吹、日晒、雨淋，都要排队来买我们××的老陈醋，不用我多说，我们靠的就是口碑和品质、今天在我们直播间，不用风吹不用日晒不用排队，就可以买到正宗的××山西老陈醋。"

2. 激发购买欲望

直播带货最大的优势就是可以现场展示产品，产品展示如果能做到以下两点，一定会引起用户尖叫：

（1）跟用户的使用场景有关。比如卖剃须刀的现场刮胡子，卖锅的现场煎蛋。

（2）强烈的对比性。

比如，××在卖女性脱毛膏的时候，用一个大汉做模特，脱毛膏敷上去不到10分钟，胳膊上的毛瞬间脱光，这种对比效果对用户来说是足够震撼的，果然脱毛膏一上架就售罄了。

3. 打消顾虑

通过产品的使用体验、权威认证、专家证言等，进一步打消用户的顾虑，让用户认识到他买的产品绝对靠谱，价格低是因为直播间的优惠力度大。

4. 销售环节

这个环节就要公布价格，让用户感觉"物超所值"；通过促销政策，让用户集中下单，营造氛围。负责销售数据监控的同事在此时一定要及时报告销售数量，用剩余数量刺激还在观望的用户，让用户下单的热情达到高潮。

直播带货，不仅要对比竞品，还要对比其他渠道。不仅要说服用户买，还要说服用户在直播间买。

比如，××直播间卖大米时，设计的话术脚本如下：

"来问问大家，我们一袋普通的东北大米10斤的，在南方商超要不要六七十元？

再高一个等级的长粒香米，要不要八九十元？

肯定要吧。

今天，我们直播间里售卖的长粒香米，来自黑龙江省泰来县，这个产地是五常原粮的后花园，其大米的香味与口感接近于五常。

欢迎新粉丝今天来我的直播间，我跟大家说一声，这种米我们自己的经销商运到南方的商超，那都是要卖到100元以上的。今天我既然说半价的价，我们半价的牌我给大家亮出来了，我没想等价，我就是要宠粉，我就是要涨人气，所以5折50元以下给大家开了，主播给不给力？

既然大家今天呼声这么高，这么多人给我扣了10元了，要不要我把春节45元的价破了，要不要？要！好！今天就把春节45元的价格给大家破了，主播大气不大气，想不想让主播更大气一些，要不要？要！好。想不想让我在30元以下给大家开一波，想不想？想。

我要看到大家的热情，喜欢主动跟主播点点关注，30元以下给大家开来，我们刷10元的多不多？多，已经刷屏刷屏了，好嘞听好了。听好了，一袋10斤的，我们自己经销商运到南方卖100元钱的，今天在我直播间50不开了，5折不开了，春节45元的价也破了，连30元都不要了啊，29.9元，宠粉我就出了，你没听错，29.9元，10斤我就给你出了，大家准备好手速，直播间多少人了？600多人，600多人给大家多放一点，给大家上个60单，少不少，少，给大家再加点。80单够了吧，好，来大家准备好手速，5个数，立马上车80单，5、4、3、2、1，上车，5号链接上来。"

（说明：1斤=500克，销售人员在实际售卖过程中，为了口语化的介绍产品，一般会使用斤）

5. 逼单

为了营造抢购的气氛，让用户感觉"买不到就亏了"，主播也要学会逼单。比如，不断提醒用户即时销量，营造畅销局面；反复用倒计时的方式，迫使用户马上下单。

比如，×××在直播间就反复强调此次上架产品的数量有限，直播间优惠的 20 元是自己贴给粉丝的，通过这种方式不断刺激用户。

第五章
粉丝维护

电商直播是人与人的直接互动，粉丝运营的好坏，是影响直播间变现的重要因素。因此无论是直播前的预热筹备，还是直播后的粉丝管理，我们都必须要注意粉丝的运营和维护。

一、粉丝维护的策略

对于传统电商来说，粉丝运营的核心是商品，用户是否会继续关注，是否会产生复购，首先要看的就是对商品的满意度。

而对于新兴电商——直播电商来说，在直播间里，要遵循货带人的逻辑。但是直播结束后和粉丝之间的互动，并没有产品介入其中，这时货不再存在，不再是货带人的逻辑，而是以人为主。商家/主播可以直接和用户进行一对一或者一对多的互动，这就是留住粉丝并加深粉丝信任的过程。

因此粉丝运营的核心，传统电商是以货为本，直播电商则是以人为本。

那么，在明确了粉丝运营的核心后，我们在做电商直播的时候，如何才能将粉丝维护得更好呢？可以试试图4-5-1所示的策略。

图 4-5-1　粉丝维护的策略

1. 打造人格化 IP

关于粉丝运营，目前较为流行的方法是引流到自己的私域，大多是通过加微信或粉丝群的方式。

主播或商家需要做的就是在私域运营里，为粉丝树立正面的形象，打造差异化人格，并不断强化人格属性。这可以通过展示自己的真实生活，进行自我包装来实现。

人格化 IP 往往更容易让粉丝有亲近感和崇拜感，便于加深粉丝对其的信任和依赖。当主播真正把自己打造成一个 IP 时，粉丝也会为其进行宣传推广，这大概是最低和最有效的宣传成本了。

2. 做优质内容

做优质内容，主要是指给用户持续地提供有价值的内容。当用户走出直播间，进入到你的社群或是朋友圈，他们不希望在私人空间里有人一直刷屏卖东西，这和加了一个刷屏的微商没什么区别。因此你可以换一种思路，用优质内容代替刷屏推销。

比如，你主营的产品是一款婴幼儿奶粉，那你的定向用户多是新手爸妈，因此你可以每天定时在朋友圈或社群更新一些奶粉相关的知识，久而久之，用户会形成观看习惯，还会在一定程度上增加对你的信任。

除了做优质内容，还要学会对用户进行分类。可根据用户的购买习惯和特征给其贴标签，对不同标签的人群分发适合他们的内容，学会对用户分层运营。

3. 高效互动

无论在直播中还是在直播后，互动都非常重要。在直播间互动是为了增加用户的停留时长，从而提高成单率；直播结束后的互动则决定了用户会不会成为你的忠实粉丝。

因此，把用户引到自己的私域流量池之后，要记得像朋友一样多互动，很多人加了用户微信之后再也没说过话，那就白白浪费了这个渠道。

互动的方法有很多，这里和大家简单举几个例子：

（1）发起有意思的话题

有两个类别的话题容易引发讨论，分别是情感和热点。情感可以关于亲情、友情、爱情，热点可以是明星、节日、事件等。总之，容易让人产生共鸣的话题，都更能引起讨论，从而增加用户对你的人格印象。

（2）抽奖

这种方法虽然简单、直接，但往往是最能留住粉丝的。因为抽奖会让粉丝有一种期待感和参与感，不会与你轻易取关。

（3）举办周期性活动

可以针对已有粉丝定期举办一些活动，包括线上和线下，来提高用户的参与感。而且定期举办活动，久而久之会形成自己的特色，可为品牌推广赋能。

二、建立粉丝社群

对于直播团队来说，一定要组建自己的粉丝群，可以在粉丝群里定期举办一些活动或者是赠送一些礼品，加强与粉丝之间的黏性。另外，如果有售后问题，最好第一时间帮助粉丝解决，以树立自己的人设。直播前也可以在粉丝群里发送通知，让你在每次直播一开始就能达到一个比较好的人气基础。

三、粉丝社群的维护

如果说发货、售后属于直播创业的服务环节，那粉丝社群的维护就属于运营与组织行为，尤其在产品优势不明显、粉丝基数不多时，对个人粉丝社群的维护显得尤为重要。

粉丝社群的维护，可从图4-5-2所示的三个方面着手。

互动

拥有了粉丝群或是一定数量的粉丝后，接下来需要做的则是适当的互动，以增加粉丝对你的印象。可以带着粉丝一起关注某一个话题，或是关注自己直播卖货的内容，要根据粉丝类型去互动，不要随意互动无意义的内容

再好的圈子或社群，或多或少都会有一些问题需要处理，建议设置一两个人在线处理细节问题，比如一些粉丝的疑问、回复、建议、互动信息、负面消息等。这个类似于售后服务，不要小看它，没有维护好的账号可能会导致粉丝流失

在维护社群时，一味地与粉丝在线互动，回复相关的问题，可能对粉丝真实的反馈并没有太多了解，建议适当做一些粉丝体验表或是反馈表，来提升粉丝的活跃度与参与度，增加粉丝的黏度，以更好地针对话题运作

图 4-5-2　粉丝社群维护的策略

四、做好售后保障

一场直播结束以后，主播的任务完成了，虽然创造了暂时的销售额，但是售后问题同样至关重要。很多粉丝因为受到直播间气氛的感染，一时头脑发热才下的单，但是事后冷静下来，可能会出现退单的举动，而好的售后与沟通渠道完全可以减少这类现象的发生。所以，直播团队要承担起这个责任，特别是主播作为一个产品推荐者和售卖者，需要与商家对接好售后问题。

在处理售后问题时，要把自己的姿态放低一些，因为客户购买的产品出现了问题，心情肯定不太好，这时候你把姿态放低一些，先道歉，之后处理起来问题就会好很多。对用户的咨询请耐心解答，售后态度也是一种招揽回头客的手段。

五、提升粉丝回访率

新访客进入直播间，通常都会有一个漫长的转化期，从勾起新访客兴趣再到转粉，最后到产生购买行为，这是一个需要不停建立信任关系的过程。尤其是粉丝回访，直接影响着店铺的复购率和转化率。可见，做好粉丝维护，不仅可以提高粉丝黏性，增强粉丝对店铺的信任度，还会促进店铺各方面数据的提升。

那么，商家怎么做才能够提升自己直播间的粉丝回访率呢？其策略如图4-5-3所示。

预热商品植入
悬浮窗口公告
预告产品高频透出
下播前预热

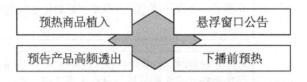

图 4-5-3　提升粉丝回访率的策略

1. 预热商品植入

很多直播间整体的场观都是老粉贡献的，所以我们在进行这一次直播的时候就应该为下一场的场观做铺垫。想要让粉丝回来就要给粉丝一个回来的理由。

我们可以在直播时适当地植入下一期的重点信息，要么是商品要么是利益点，来吸引用户的目光。利益点可以根据每一个店铺的区别和每一个商品的利润空间自己去制定。

那么怎么植入商品呢？方法如图4-5-4所示。

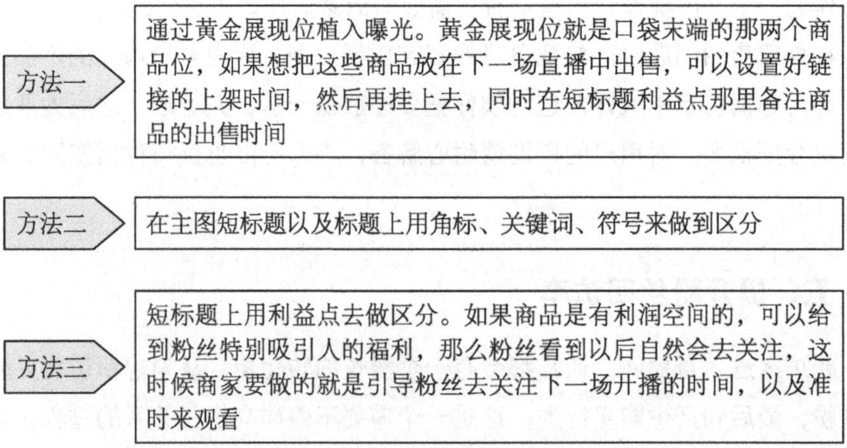

方法一
通过黄金展现位植入曝光。黄金展现位就是口袋末端的那两个商品位，如果想把这些商品放在下一场直播中出售，可以设置好链接的上架时间，然后再挂上去，同时在短标题利益点那里备注商品的出售时间
方法二
在主图短标题以及标题上用角标、关键词、符号来做到区分
方法三
短标题上用利益点去做区分。如果商品是有利润空间的，可以给到粉丝特别吸引人的福利，那么粉丝看到以后自然会去关注，这时候商家要做的就是引导粉丝去关注下一场开播的时间，以及准时来观看

图 4-5-4　商品植入的方法

2.预告产品高频透出

商家可以在直播间进行高频剧透。剧透方式有两种。

（1）直播间是有背景的，商家可以直接把下一场要播的产品当作背景陈列在后面，如图4-5-5所示，只要进入直播间的用户都可以关注到，从而增加曝光量。

（2）主播也可以将预热产品搭配使用，高频亮出。

比如，类目是服装的直播间，如果下场直播有一个小爆款，本次就可以把这个小爆款用假模、背景摆设等方式放在主播后面进行单独陈列，这样一定会有用户问后面的衣服能不能试穿一下。

也可以把小爆款反复拿来搭配试穿，顾客的好奇心很重，当你高频透出一个商品，并且这个商品没有链接时，他们会反复追

图4-5-5 背景展示预热产品

问。这时候主播就可以说明"这个商品在下一场什么时间点会上架""会给到大家什么样的福利""大家记得来回访"，并且告诉他们，这个商品需要抢购，这样就能吸引用户再次来到直播间。

3.悬浮窗口公告

可以把重要的信息，像下一场开播的利益点、商品信息等以文字滚屏的形式放到公告栏里，这里要注意的是文字不宜过多、信息不要过于复杂，简洁明了即可，因为文字太多，用户很容易会忽视掉。

比如，包邮就直接加上包邮两个字，有什么折扣就把什么折扣打上去，进行一个长期的悬浮，用户很容易记住。

图 4-5-6　用悬浮窗引导客户关注

也可以利用动图的形式，引导客户点击关注领取优惠券，并且在浮窗公告上增加直播间福利，如图4-5-6所示。

4. 下播前预热

如果想做下播前的预热，就要养成一个固定的下播习惯。可以在下播前十分钟或者是十五分钟进行下一场直播商品的预热，如图4-5-7所示。这个时候，知道商家直播间习惯的用户就会准点回到商家的直播间，来看一下下一场有没有他想要的产品。这时，你就能发现下播前会有一个流量的回潮。

图 4-5-7　直播间截图

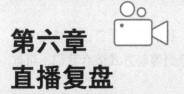

第六章
直播复盘

对于直播带货来说，要想让下一次直播效果更好，在下播后进行复盘则显得十分必要。几乎所有的头部主播，都会在每场直播结束后进行直播复盘，对刚结束的直播进行梳理，至此一场直播活动才真正结束。

一、直播复盘的价值

那么对于有播团队来说，直播数据复盘的意义何在？它的价值又体现在哪里呢？事实上，通过复盘能将直播过程梳理一遍，并对经验和教训进行总结，是一个很重要的工作流程和手段。回顾整场直播，直播团队至少可以得到图4-6-1所示的收获。

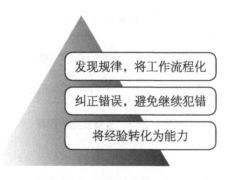

发现规律，将工作流程化

纠正错误，避免继续犯错

将经验转化为能力

图 4-6-1 直播复盘的价值

1. 发现规律，将工作流程化

在直播的时候，我们利用一些技巧或方法，有时可以起到事半功倍的效果。但是这些方法并不是唯一的，也不是固定的，我们应根据自己的特点不断探寻最适合自己的方式。通过直播回顾，我们会看到哪些方式适合我们，可以让整个直播间的工作更加流程化。

2. 纠正错误，避免继续犯错

通过直播回顾，我们会发现直播中出错的地方。我们可以把这些出错的部分记录下来，进行改正、优化，下次就能避免同样的问题发生，也会让每一次直播都比上一次更好。

3. 将经验转化为能力

直播的时候一定会遇到突发情况，我们可以通过直播回顾进行分析、总结、记录，这样以后遇到紧急状况的时候也能沉着应对。

二、直播复盘的步骤

一般来说，直播复盘的基本步骤如图4-6-2所示。

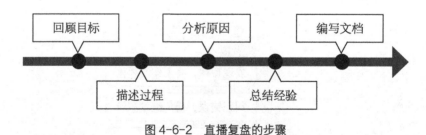

图 4-6-2　直播复盘的步骤

1. 回顾目标

直播复盘的第一步，是回顾刚刚结束的那场直播的目标。目标是否达成是评判一场直播成功与否的标准。将直播的实际结果与目标进行对比，直播团队就可以知晓一场直播的营销成绩如何了。

回顾目标的环节，拆分后有图4-6-3所示的两个步骤。

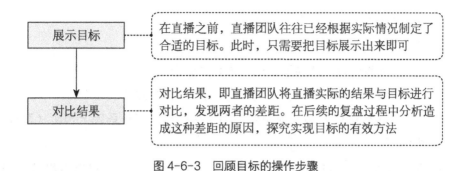

图 4-6-3　回顾目标的操作步骤

2. 描述过程

描述过程是为了找出直播过程中哪些操作是有益于目标实现的，哪些是不利于目标实现的。描述过程是分析现实结果与希望目标差距的依据。因此，在描述过程时，需要遵循图 4-6-4 所示的三个原则。

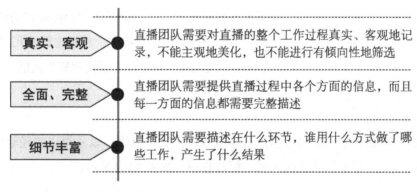

图 4-6-4　描述过程需遵循的原则

3. 分析原因

分析原因是直播复盘的核心步骤。直播团队只有把原因分析到位，整个复盘才是有效的。

分析原因时，通常情况下，直播团队可以从"与预期不一致"的地方入手，开启连续追问"为什么"模式，经过多次追问后，往往能探究问题背后真正的原因，从而找出真正的解决办法。

追问"为什么"，可以从以下3个角度展开。

（1）从"导致结果"的角度，问"为什么会发生？"

（2）从"检查问题"的角度，问"为什么没有发现？"

（3）从"暴露流程弊端"的角度，问"为什么没有从系统上预防（事故/糟糕结果）？"

直播团队从这3个角度，连续多次追问"为什么"，往往可以得出各自角度的结论。这些结论，可能就是问题形成的根本原因。

4. 总结经验

不难看出，"可控环节"及"半可控环节中可控的部分"，是直播团队在之后的工作中能够改进的部分，可以作为经验保存下来，并用来指导后续的直播工作。而对于"不可控"环节，由于直播团队无法预判结果，其相关结论在下次直播时可能就不会出现，因而不具备指导意义，也就不能作为经验或方法。

可见，直播复盘的核心，就是要从一场具体的直播中，总结出经验和方法，解决直播工作中出现的一个问题甚至一类问题，从而提升直播营销的成绩。

5. 编写文档

编写文档，是将直播复盘过程中发现的问题、原因，以及得出的经验和改善方法，以文字的形式固化下来，编写在册，如表4-6-1所示。

表4-6-1 复盘文档

复盘直播场次		直播主题	
直播时间		复盘时间	
复盘会议参加人员			
回顾目标			
实际与目标对比			

续表

描述过程	
分析原因	
总结经验	
经验适用范围	

编写文档，看起来只是一个微不足道的环节，但对直播团队的直播运营知识提升有非常重要的作用。

首先，编写文档可以为直播团队留下最真实、准确的记录，避免遗漏或遗忘。

其次，编写文档将工作过程、工作经验变成具有一定逻辑结构的显性知识，可查阅，可传播，可以避免直播团队在同样的知识上再次支付学习成本。

再次，文档方便存储，也方便提取。直播团队可以在后续工作需要时，快速拿来借鉴使用，提升工作效率。

最后，文档还有利于直播团队进行对比学习。直播团队不断地将刚刚完成的直播与过去存储的经验文档进行对比，可以提升对事情本质的认识，甚至能总结出新的认识事物的方法。

总之，编写文档虽然不是直播复盘过程的核心环节，却是直播团队学习的一个重要资料来源，是不可或缺的环节。

三、直播复盘的数据分析

直播团队进行数据分析时有一套比较规范的操作步骤，如图4-6-5所示。

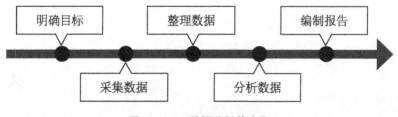

图4-6-5 数据分析的步骤

1. 明确目标

明确目标，即确定数据分析的目标。一般情况下，直播团队进行数据分析时有图4-6-6所示的几个目标。

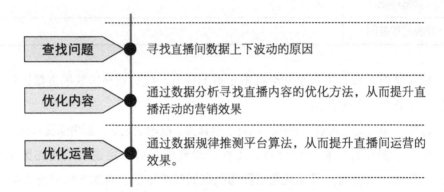

图 4-6-6　数据分析的目标

2. 采集数据

对于当前的直播行业来说，直播团队可以通过直播平台账号后台来采集数据。

各个直播平台的账号后台，一般都会有直播数据统计，直播团队可以在直播过程中或直播结束后通过账号后台获得直播数据，如图4-6-7所示。

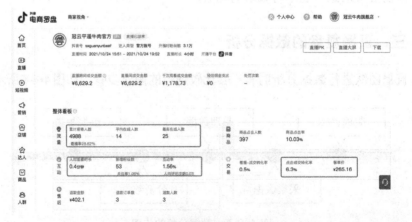

图 4-6-7　账号后台数据显示界面截图

3. 整理数据

整理数据，即将采集的数据进行核对修正、整理加工，以方便后续的分析。通常来说，整理数据包括数据的核对修正和数据的统计计算两个方面的工作，具体如表4-6-2所示。

表 4-6-2　整理数据的工作内容

序号	工作项目	具体内容
1	数据的核对修正	直播团队不管通过什么方式获取的数据，都可能出现失误，因此在正式进行数据分析之前，需要先对数据进行核对。如果发现数据异常，需要综合各方面的数据进行修正，以保证数据的准确性、有效性和可参考性
2	数据的统计计算	直播团队完成数据的核对修正后，即可进行数据的统计计算。数据的统计计算包括数据求和、平均数计算、比例计算、趋势分析等。为了提高工作效率，直播团队可以使用Excel的相关功能对数据进行统计计算

数据整理以表格的形式进行，如图4-6-8所示。

冠云直播销售日报（10月）

月份	销售额	目标	目标达成率	订单数	商品数	推广投入
10月	374,218	350,000	106.9%	2,928	5,701	5,273

10月	星期	销售额	订单数	商品数	新增粉丝	粉丝总数	今日直播					今日短视频		今日投放额度	
							直播时长	累计观众	最高在线	平均停留	活动	播放量	点赞数	直播间	短视频

图 4-6-8　数据整理表格截图

4. 分析数据

直播团队对数据进行整理后，即可进入分析数据环节。目前，最常用的分析数据的方法如表4-6-3所示。

表 4-6-3　数据分析的方法

序号	分析方法	具体说明
1	对比分析法	是指将实际数据和基数数据进行对比，通过分析实际数据与基数数据之间的差异，了解实际数据及查找影响实际数据因素的一种分析方法。根据对比基数的不同，对比分析法可以分为同比分析法和环比分析法

续表

序号	分析方法	具体说明
2	特殊事件分析法	通过对比分析，直播团队往往可以找出异常数据。异常数据是指偏离平均值较大的数据，但不一定是表现差的数据。直播团队需要采用特殊事件分析法来查找出现异常数据的原因

5. 编制报告

数据分析的最终结果需要汇总成数据分析报告。由于直播团队在数据分析过程中使用大量的图、表，因此，可采用PPT的形式来编制数据分析报告。

数据分析报告一般可分为开篇、正文和结尾3个部分。其中，开篇由目录、前言组成，正文主要阐述观点和论证观点，结尾由结论和建议组成，如表4-6-4所示。

表4-6-4　数据分析报告的组成

序号	组成	具体说明
1	目录	目录是数据分析报告的整体大纲，要求结构清晰、逻辑有序，以便阅读者可以快速了解整个报告的内容
2	前言	前言是对数据分析报告的分析目的、分析背景、分析思路、分析方法、数据结论等内容的基本概括
3	正文	正文的观点阐述和论证过程是数据分析报告的核心部分，直播团队需要先概括出清晰、明确的观点，然后通过详细的数据图表和解说文字来加以论证
4	结尾	结尾部分的结论和建议是依据正文的观点而总结出的最终结论。结论的表述要求准确、简练、有价值。在结论准确的基础上，直播团队可以提出自己的见解和建议，以便为之后的直播决策提供参考依据

小提示

为了提升数据分析报告的可读性，在确保数据分析报告内容质量的基础上，也可以在PPT中加入一些动态展示效果，以提升阅读者的兴趣。

四、数据分析的常用指标

直播团队在数据采集的过程中，会看到很多数据指标。不同数据指标有不同的意义和价值，直播团队需要了解这些数据指标，分析这些数据指标，从而优化这些数据指标。

下面以抖音平台为例，介绍数据分析时常用的几个指标。

1. 直播销售额

销售额是最能体现直播带货能力的数据指标，但是需要综合分析一段时间内的数据走向，比如每天、每周、每月，才能真实地反映主播的直播带货力。

另外，可以根据直播间每个品类的销售数量，评估哪个产品的带货能力更强。

比如，在×月×日直播间销售额TOP商品品类中，3C数码产品的销量和销售额最高，钟表饰品、玩具乐器的销量和销售额最低。

2. 直播观众总数

即每场直播的总观看人次，是一个很重要的数据。如果可以统计所有渠道的流量，并进行区分，便可看出哪个渠道的引流效果最好，下次直播可加大宣传力度。

另外，根据观看人数的数据，可以分析出哪个时间段的观众最多，什么样的话术和直播形式更受观众欢迎。

比如，在某场直播期间，从20:20到第二天凌晨00:45一直保持着相对较高的人气，且最高峰值出现在21:56。这就说明，用户从直播开始后就大量涌入，并且大部分用户愿意留在直播间。

3. 直播间观众停留时长

相比让用户进入直播间，让用户留在直播间要更难。如果直播间的效果不好，或者主播的能力不够，用户就会选择去其他的直播间。要知道，直播间的用户留存数据会影响系统给你的直播间分配公域流量的多少。用户停留的时间越久，说明你的直播间的产品越有吸引力，主播对用户的影响越大，直播间的人气越高，按照抖音的推算机制，系统就会将你的直播间推荐给更多人。因此，留住直播间的观众，提高观众留存时间，对于直播间上热门是有很大影响的。

4. 新增粉丝数

一场直播下来，粉丝转化率的高低，也是可以衡量你的直播间能否抓住粉丝的胃口、有没有足够吸引力的依据。

比如，××主播在×月×日的直播间，单场直播涨粉10.95万，整场直播间的累计观看人数为820.2万，转粉率达到1.34%。

另外，从这个账号的新增粉丝团数据来看，其直播间的吸引力相对较强。

5. 直播间音浪收入

音浪是抖音平台使用的一种虚拟币，在直播过程中，通过粉丝打赏来获取，以音浪的方式来呈现。音浪的收入越高，直播间的人气就越高，主播收入也越高。很多主播会联动其他主播给自己的直播间打赏，目的就是为了提高直播间的人气，并带动用户打赏的氛围。

比如，××在×月×日的直播间音浪为12.04万，相当于纯收入5418元（音浪收入等于音浪值×0.045）。

6. 直播间用户画像数据

直播间的带货效果，往往取决于进入直播间的人群是否精准。如果你的产品只是根据自己的喜好，而不是用户画像而选定的，直播效果就会大打折扣。直播间的用户画像包括年龄、性别、兴趣、来源等，只有掌握了这几个数据，无论是选品还是直播间优化，都能找到切入点。

比如，某个分享瑜伽动作的账号，其粉丝画像中性别比例明显偏女性，且年龄段以 25 ~ 35 岁为主。该账号从年龄和性别用户画像入手，在直播间只卖瑜伽塑型有关的产品。

7. 直播互动数据

从直播观众的互动数据可以看出用户的购买倾向和主要需求，这些数据最主要从弹幕词中获取。通过直播间的热门弹幕词，可以知道粉丝都喜欢聊什么，下次直播的时候就可以多准备一些相关的话题，来调动直播间气氛；也可以知道观众对哪些商品的兴趣比较高，在之后的直播中可以持续推广；还可以知道用户对哪些有疑问，可以在下次直播前准备好，避免出现直播事故。

第七章
风险防范

相对于传统电商，直播电商直观性、实时性的优势，能让用户更直接地看到商品各方面的特性，并通过实时的交互渠道让用户感知到切身服务，快速响应用户需求。然而，直播售假、质量"翻车"、售后维权难等问题仍频频发生，说明直播带货也存在着一定的风险。

一、直播带货各主体之间的法律关系

1. 直播带货的主体

在直播电商的产业链中，主要分为上游、中游和下游三个层级。上游为商家以及生产者，中游为直播带货平台、MCN机构以及主播团队，下游为消费者。因此，直播带货一般有生产者、商家（自聘主播）、MCN机构或外部独立主播团队、直播平台、消费者这五个主体，如表4-7-1所示。

表4-7-1　直播带货的主体

序号	主体	具体说明
1	商家	在"直播带货"的环境下,商家以推销商品或者提供服务为目的,委托主播或MCN机构、直播平台等设计、制作、发布广告,属于《中华人民共和国广告法》意义上的广告主以及《中华人民共和国电子商务法》中规定的平台内经营者
2	主播	（1）属于广告经营者的情形。广告经营者是指接受委托提供广告设计、制作、代理服务的自然人、法人或者其他组织。若广告主委托主播个人（不通过MCN机构）为其直播推销商品或服务,此时主播属于广告经营者

序号	主体	具体说明
2	主播	（2）属于广告代言人的情形。广告代言人认定的关键在于其在直播中的表现能否让观众感受到其利用自身人格特征对产品进行推销，主播在直播间以其自身的人格影响力为商家推销产品或服务，应认定为广告代言人
3	直播平台	（1）广告发布者是指为广告主或者广告主委托的广告经营者发布广告的自然人、法人或者其他组织。结合"直播带货"的现实模式场景，直播平台属于为商家、主播或MCN机构发布广告的组织，应当属于广告发布者的角色 （2）直播平台为广告主提供网络经营场所、交易撮合、信息发布等服务，也属于电子商务平台经营者的角色，应按照《中华人民共和国电子商务法》履行责任和义务
4	MCN机构	在直播电商生态中，MCN机构扮演着"中介"的作用，对主播进行培养并将优秀的主播输送到各直播平台，因此，若广告主系与主播所签约的MCN机构签署广告协议，此时MCN公司属于广告经营者的身份，在实践中大多数情况也是如此

2. 各主体的法律关系及适用的法律

各主体的法律关系及适用的法律如表4-7-2所示。

表4-7-2　各主体的法律关系及适用的法律

序号	主体	法律关系	适用法律
1	生产者——商家	买卖合同关系或委托合同关系	《中华人民共和国民法典》等
2	生产者——消费者	对商品质量进行保证及履行质保责任	《中华人民共和国消费者权益保护法》等
3	商家——消费者	买卖合同关系	《中华人民共和国民法典》《中华人民共和国消费者权益保护法》等
4	商家——MCN机构（外部独立主播团队）	委托合同关系	《中华人民共和国民法典》等

续表

序号	主体	法律关系	适用法律
5	商家——自聘主播	劳动合同关系	《中华人民共和国劳动合同法》等
6	商家——直播平台	服务合同关系	《中华人民共和国民法典》《中华人民共和国电子商务法》等
7	消费者——直播平台	服务合同关系	《中华人民共和国民法典》《中华人民共和国电子商务法》等
8	MCN 机构（外部独立主播团队）——直播带货平台	服务合同关系	《中华人民共和国民法典》《中华人民共和国电子商务法》等
9	MCN 机构 —— 外部独立主播团队	经纪合同关系或劳动合同关系	《中华人民共和国民法典》《中华人民共和国劳动合同法》等

小提示

主播的直播带货行为的背后是促成消费者和商家之间的交易，主播只是广告代言人，并非商品和服务的提供方。

二、行政法律风险及其防范

1. 行政法律风险

直播带货行为涉及多部行政法规。如果出现违法违规行为，将面临没收违法所得、罚款、吊销营业执照等行政处罚，常见的违法违规行为有以下几种。

（1）违反《中华人民共和国广告法》，发布虚假广告，发布违背社会良好风尚的广告和广告代言。

（2）违反《中华人民共和国消费者权益保护法》，对消费者依法提出的修理、重做、更换、退货、补足商品数量、退还货款和服务费用或者赔偿损失的要求，故意拖延或者无理拒绝。

（3）违反《中华人民共和国反不正当竞争法》，实施虚假或者引人误解的商业宣传、仿冒混淆、商业诋毁和违法有奖销售等违法行为。

（4）违反《中华人民共和国产品质量法》，销售掺杂掺假、以假充真、以次充好、以不合格产品冒充合格产品的商品。

（5）侵犯知识产权的行为。侵犯注册商标专用权、假冒专利等违法行为。

（6）违反《中华人民共和国食品安全法》，销售不符合食品安全标准的食品，销售标注虚假生产日期或超过保质期的食品。

（7）违反《中华人民共和国价格法》，哄抬价格、利用虚假的或者使人误解的价格手段诱骗消费者进行交易等。

2.防范措施

（1）不做夸大宣传。对商品或服务的性能、功能、质量、销售状况、用户评价、曾获荣誉等进行宣传时，应当真实、合法，符合《中华人民共和国反不正当竞争法》的有关规定。

（2）严格执行《中华人民共和国广告法》的规定，做到图4-7-1所示的几点。

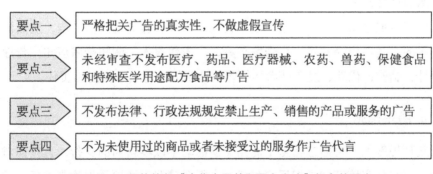

图4-7-1　严格执行《中华人民共和国广告法》规定的要点

（3）注重消费者权益保护，切实保障消费者的知情权和选择权。持续公开与经营业务有关的行政许可信息，完善售后服务。

（4）把好商品的质量关，杜绝销售伪劣产品。

（5）在带货过程中注意商品的知识产权，不能侵犯商标权、专利权，不销售假冒注册商标的商品。

（6）在销售食品的时候要注意食品的安全标准、生产日期和保质期。

（7）在商品的价格方面，不哄抬物价，不进行价格欺诈。

三、民事法律风险及其防范

1. 民事法律风险

直播方的民事法律风险主要集中在，广告行为是否规范以及广告主（商家）信息的披露情况。

（1）不能提供商家信息，承担先行赔偿责任的风险。发布虚假广告，欺骗、误导消费者，使购买商品或者接受服务的消费者的合法权益受到损害的，广告经营者、广告发布者不能提供广告主的真实名称、地址和有效联系方式的，广告经营者、广告发布者要先行赔偿。

（2）承担连带责任风险。发布关系消费者生命健康的商品或者服务的虚假广告，造成消费者损害的，其广告经营者、广告发布者、广告代言人应当与广告主承担连带责任。

（3）承担过错责任的风险。发布其他商品或者服务的虚假广告，造成消费者损害的，其广告经营者、广告发布者、广告代言人，明知或者应知广告虚假仍设计、制作、代理、发布或者作推荐、证明的，应当承担过错责任。

2. 防范措施

某种程度上，直播方在整个商品交易活动中以零售商的身份，直接面对消费者，其对外应该首先承担民事责任，在很多情况下还要承担连带责任，所以应该注意把握好以下几个关口。

（1）合作方的选择。要充分了解合作者的信用状况，做好基本的尽职调查。对商品的物流、仓储相关合作方也要进行充分考察。

（2）把好商品的质量关。对商品的生产场地和环境，要进行实地考察，防范产品侵权责任。

（3）对商品与服务涉及的知识产权的把关。核实相关权利证书，防范知识产权侵权责任。

（4）商品买卖中应该秉承诚实信用原则，防范违约责任。

四、刑事法律风险及其防范

1. 刑事法律风险

直播带货运营的刑事责任，主要来自三个方面，一是严重违反行政法规达到犯罪的程度。二是严重侵犯知识产权，达到犯罪的程度。三是非法占有委托人（商家）的财物而涉嫌犯罪。主要有以下几种表现。

（1）虚假广告罪。违反国家规定，利用广告对商品或者服务作虚假宣传，情节严重的，就会涉嫌虚假广告罪。

（2）销售伪劣产品罪。产品中掺杂、掺假、以假充真，以次充好或者以不合格产品冒充合格产品，销售金额达五万元以上。

（3）非法经营罪。为了提高流量，自己或者委托他人进行刷单、删帖等非法活动，可能涉嫌非法经营罪。

（4）合同诈骗罪。在运营服务项目的推销中，以非法占有为目的，在签订、履行委托合同过程中，虚构事实、隐瞒真相骗取对方委托人财物，数额较大的，则涉嫌合同诈骗。

（5）侵犯知识产权的犯罪。如假冒注册商标罪、销售假冒注册商标的商品罪、侵犯专利罪。

（6）其他相关犯罪。

2. 防范措施

（1）不虚构事实，防范虚假广告罪。对商品的性能与功效、服务的能力或效果进行宣传，不能无中生有、过分夸大。因广告行为违法，受到两次行政处罚以后，再次出现虚假广告行为，或者违法所得在十万元以上的，构成此罪。

（2）要严把销售商品的质量关，防范销售伪劣产品罪。一方面，不能销售伪劣产品；另一方面，对于明知道，或者应当知道，商品经营者提供的商品，存在着掺杂、掺假，以假充真，以次充好或者以不合格产品冒充合格产品等现象，不能心存侥幸，直播带货。

（3）不使用技术手段进行作弊，杜绝非法经营罪。在直播带货过程中，应该诚实守信，不能为了提高流量，自己或者委托他人进行刷单；对于差评也不能委托他人通过技术手段进行批量删帖，否则可能与刷单或删帖人构成非法经营犯罪的共犯。

（4）诚实守信，不应在签订运营合同的过程中，骗取对方财物，防范合同诈骗罪。在运营服务项目合同磋商中，根据自身的履约能力，控制运营的规模。不能达到工作目标的不应承诺；也不能设计根本不可能履行到位的合同套餐；在合同履行过程中，不能采取技术手段，对合同约定的评价指标进行人为干预。

（5）严格审核相关权利证书，杜绝侵犯知识产权的犯罪。对于拟带货的商品，应当要求商品或服务经营者提供商标或专利的权利证书，并进行核实。

相关链接

直播带货常见的刑事罪名

1. 虚假广告罪

广告主、广告经营者、广告发布者违反国家规定，利用广告对商品或服务作虚假宣传，情节严重的，构成虚假广告罪。虽然刑法条文未将广告代言人即主播列为虚假广告罪的犯罪主体，但如主播的身份与广告主或广告经营者的身份存在重合，又或者与法律规定的犯罪主体串通、共同实施虚假广告行为，其就可能会以虚假广告罪被追究刑事责任。当然，有些时候，主播的行为虽然客观上做了不真实的广告宣传，但不具有主观故意欺骗的意图，不能以本罪论处，需要具体案情具体分析。

2. 销售假冒注册商标的商品罪

销售假冒注册商标的商品罪，从犯罪行为上看包括两个具体行为，即假冒注册商标的行为和销售假冒注册商标商品的行为。本罪不仅侵犯了消费者的合法权益，更是侵犯了他人商标专用权，扰乱了社会市场经济秩序。直播带货活动中，常常有商家、主播等销售假冒注册商标的商品且非法获利金额巨大，则构成本罪。

3. 生产销售假药、劣药罪

《最高人民法院、最高人民检察院关于办理危害药品安全刑事案件适用法律若干问题的解释》第八条规定，明知他人生产、销售假药、劣药，仍提供广告宣传等帮助行为的，以生产销售假药、劣药罪共犯论处。在直播营销行为中，如果商家、主播等销售所含成分与国家药品标准规定成分不符的药品，可能会构成生产销售假药、劣药罪。

4. 诈骗罪

如果商家、主播等主体利用直播，以非法占有为目的发布虚假信息、骗取消费者财物的，其行为可能会构成诈骗罪。

比如，主播通过抽奖、虚假承诺等方式，直接骗取粉丝钱财。需要特别说明的是，即使主播并没有直接参与到诈骗行为实施的过程中，但是若主播宣传推广了诈骗信息且导致他人遭受财产损失的，那么也有可能因推广诈骗信息而被认定为诈骗罪的帮助犯。